全196カ国

SEKAI NO RECIPE

おうちで作れる世界のレシピ

本山 尚義

ライツ社

世界中のおいしいものを
一生のうちに食べ尽くせたなら。

世界中のいろんな味を自分の家でつくれたら。

世界の料理といえば、何を思い浮かべますか？

「この間のタイ料理屋さんで食べたあれ、美味しかったなぁ」「学生時代に行ったモロッコで食べた、あの料理の味が忘れられない」。

みなさんはどうですか？

フランス料理やスペイン料理など、おなじみの料理はもちろん、日本ではまったく知られていない料理もたくさん。

たとえば、タジキスタンの「シャカロ」は塩とレモンでできる簡単手もみサラダ。アルゼンチンの「エンパナーダ」はおやつにもおつまみにもなる卵入りの揚げ餃子。世界にはあなたの知らない、でもおもしろくて美味しい料理が、まだまだたくさんあります。

この本には、**わたしが世界を旅する中で現地の台所で教えてもらった料理や、日本で暮らす外国人のみなさんに教わったもの、**１９６ヵ国分の

レシピが載っています。

難しそう？　いえいえ。このレシピブックはプロの料理人に向けたものではありません。ご家庭で台所に立つ、あなたのための本です。世界の料理を、ご家庭の食材で、できるだけ簡単につくれるよう、工夫しました。

「いつものレシピに飽きてきたな」「今度のパーティーでみんなをびっくりさせたい！」「ハネムーンで食べたあの思い出の料理、もう一度食べたいな」。

そんなとき、パラパラとこの本をめくってみてください。見たこともない一皿に、美味しさに、組み合わせに、つくり方に出会えます。

さあ、一緒にめくるめく食の世界旅行に旅立ちましょう！

＊レシピを教えてくれる人

本山 尚義（もとやま・なおよし）１９６６年、神戸市生まれ。フランス料理を修行し、ホテルの料理長になる。27歳のときに訪れたインドでスパイスの魅力に出会い、世界の料理に目覚め、以後世界30ヵ国を巡りながら料理を教わる「旅するシェフ」となる。帰国後はレストラン「パレルモ」を開き、２０１０年から２０１２年には世界１９６ヵ国の料理を提供するイベント「世界のごちそうアースマラソン」を開催。現在は、世界の味を家庭で楽しめるレトルトにして販売する「世界のごちそう博物館」を主宰。

「世界の料理を、おうちで気軽に」をめざしました。

1

「おうちにある食材で簡単につくれる」を考えました。

「世界の料理」と聞くと、**「現地にしかない調味料や食材がたくさん出てくるんじゃないの？」**と思われるかもしれません。

でも安心してください。この本のレシピは、すべてご家庭で、気軽につくってもらえる料理です。お近くのスーパーで買える食材や調味料だけでつくっても現地の味に近づくように工夫しました。中には少し変わった食材も出てきます。そんなときはきちんと**代用できる食材も示しています**ので、試してみてください。本格的につくりたくなったら、元の食材を買ってチャレンジしてみてくださいね。

2

「誰がつくっても美味しくなるレシピ」にしました。

世界の料理へのスタートラインは様々だと思います。とにかく食べることが好きな方、毎日の料理へのマンネリを解消したい方。普段はあまりつくらないけど「ここぞ」というときに料理の腕を振るいたいと思っている方、ましてや見るのも初めての料理ばかり。

どんな方が使っても美味しく仕上がるように、**本書のレシピは少し詳しく書かれています。**切り方や火加減はもちろん、フタをするのか、アクは取るのか。迷ったり失敗することなく、美味しくできるように記載しました。

3

「いろんなシーン」で使ってもらえるよう工夫しました。

美味しそうだけど、「世界の料理をわざわざつくるタイミングがわからない」と思う方もいるでしょう。そんなときは巻末の「さくいん」をめくってみてください。パーティーや晩酌、お弁当やふだんごはんなど、どんな場面にぴったりなレシピなのかわかる**「シーン別さくいん」**や、主菜や副菜など献立を考えるのに便利な**「献立別さくいん」**、シェフが考えた3点セットをまとめた**「シェフのおすすめさくいん」**。きっとお役に立つと思います。

世界の料理を楽しむために買っておきたい調味料

いつもの味が「一味違う」に！

「スパイス」や「ハーブ」と聞くと「難しそう」と思われるかもしれませんが、どれもお近くのスーパーのスパイスコーナーで、１００円〜２００円台で手に入るものばかり。ご家庭にあるだけで、本格的な味にグッと近づきます。逆に言えば、スパイスさえ揃えてしまえば、世界の味はほとんど再現できてしまうのです。そこで、ここでは本書のレシピに使用したスパイスをご紹介します。まずはつくりたい料理に使われているものから、あなたのキッチンに招き入れてはいかがですか？

オレガノ

香味が強く、ピザによく使われます。トマトやチーズとよく合い、地中海料理に登場するスパイスです。

カイエンペッパー

乾燥した赤い唐辛子の粉末。ホットな口の中が熱くなる辛さが特徴です。日本の一味は別種の唐辛子。

ガラムマサラ

インド料理のミックススパイス。クミンやシナモンが入っており、本格的な香りや辛みづけに使用します。

カルダモン

スーッと甘くさわやかな香りが特徴で「スパイスの女王」と呼ばることも。カレーや肉料理に使います。

カレー粉

ひとふりすればカレー味に早変わりするスパイス。ウコンや唐辛子など数十種のスパイスのミックスです。

クミン

エジプトで生まれたカレーの香りを思わせるスパイス。肉やじゃがいも、パンに使うこともあります。

クローブ

丁子ともいい、あまくて濃い香りと刺激的な風味で肉のくさみを抑えます。果物のお菓子に使うことも。

コリアンダー

甘くさわやかで、柑橘類を思わせる香りです。ほのかにスパイシーな風味も合わせ持っています。

サフラン

乾燥したサフランの花の雌しべ。エキゾチックな香りと鮮やかな彩りでサフランライスなどに使います。

シナモン

あまく上品な香りが特徴でお菓子に使われますが、インドや中近東では肉料理に使われることもあります。

ターメリック

別名秋ウコンとも呼ばれ、ほんのり土の香りがします。料理に黄色く色づけする際に使います。

タイム

さわやかな香りで抗菌作用もあります。魚の生臭さを消し、肉料理にも合う西洋料理にかかせないハーブ。

チリパウダー

唐辛子の粉末に数種のスパイスを合わせたエスニックなスパイス。中南米の料理によく使われます。

パセリ

さわやかな香りと鮮やかな緑色が重宝される、万能ハーブです。ひとふりすれば料理が引き立ちます。

パプリカパウダー

唐辛子の仲間ですが辛みのないパプリカを乾燥させた粉末。鮮やかな赤色と独特の風味があります。

黒胡椒

ピリッと刺激的な辛さのスパイスの王様。ほかにも白胡椒や青胡椒、赤胡椒などがあり、風味が違います。

この本の見かた

世界のレシピの決まりごと

- 本書に書かれた分量は大さじ1は15cc、小さじ1は5cc、1カップは200ccです。
- 作り方に「フタをする」という表記をしていない場合は、フタをせず調理してください。
- 食材については珍しいものの場合、「羊肉（牛肉）」のように（）内に代用品の名前を書いています。
- 調理時間は目安です。各家庭のコンロや食材の大きさによって変わりますので、注意しながら調理してください。

困ったときのおたすけサイト

【野菜の切り方】↓キッコーマンホームクッキング
http://www.kikkoman.co.jp/homecook/basic/vege_cut/index.html

【揚げ方】↓日清オイリオ's キッチン
http://www.nisshin-oillio.com/kitchen/

【下ごしらえ、調味料について】↓AJINOMOTO Park
https://park.ajinomoto.co.jp/recipe/corner/basic

【動画付きの調理のコツ】↓みんなのきょうの料理ビギナーズ
https://www.kyounoryouri.jp/contents/beginners

もくじ

2 はじめに
10 この本の見かた

《アメリカ大陸》をおうちで

19 鶏肉のピリ辛チョコレートソース煮……（メキシコ）
20 鶏肉とオクラのとろとろスパイシー煮込み……（アメリカ）
22 オレンジジュースに漬けたローストチキン……（ジャマイカ）
23 豚肉のオレンジ煮込み……（ハイチ）
24 ひき肉と豆のピリ辛トマト煮込み……（ホンジュラス）
25 ほんのり甘い鶏肉のパエリア風ごはん（セントクリストファー・ネーヴィス）
26 おやつでもおつまみでも！卵入り揚げ餃子……（アルゼンチン）
27 豆カレーの揚げパンサンド……（トリニダード・トバゴ）
28 牛肉のステーキさっぱりBBQソース……（ウルグアイ）
29 ココナッツエビフライ……（ベリーズ）
30 夏に食べたい魚とエビのマリネ……（エクアドル）
30 たまに無性に食べたくなる豆ごはん……（バルバドス）
31 赤い豆のトマト煮込み……（スリナム）
31 牛肉とフライドポテトの炒めもの……（ボリビア）
32 鶏肉のイエローペッパー煮込み……（ペルー）
34 ひき肉のとうもろこしグラタン……（チリ）
35 地球の裏側でも人気マカロニグラタン…（セントビンセントおよびグレナディーン諸島）
36 手羽元とキャッサバの濃厚スープ……（パナマ）
37 じゃがいもとコーンのスパイシーチキンスープ…（キューバ）
38 牛肉の細切りマディラワイン煮込み……（ベネズエラ）
39 手羽元とコーン団子のスープ……（パラグアイ）
40 タラの塩漬けくたくたトマト煮込み（アンティグア・バーブーダ）
41 サーモンソテーメイプルシロップのソース……（カナダ）
42 カレー味のじゃがいもクレープ包み……（グレナダ）

43 アボカドとチーズとトマトのトルティーヤ……（コスタリカ）
44 ラテンアメリカの牛肉カレー……（セントルシア）
44 プランテンバナナ……（ドミニカ国）
45 カリブ海の白身魚フリット……（バハマ）
45 とうもろこしのやさしいプリン……（ドミニカ共和国）
46 黒豆のまっくろ煮込み……（ブラジル）
48 コーン団子のチマキ……（ニカラグア）
49 豆とチーズのぱくぱくお焼き……（エルサルバドル）
50 鶏肉のフライとオクラソース……（ガイアナ）
51 鶏肉のコーラ煮込み……（グアテマラ）
52 南米風ミートローフベーコン巻き……（コロンビア）

《ヨーロッパ》をおうちで

54 マグロとアボカドのバルサミコ酢サラダ……（イタリア）
54 鶏肉のチーズ焼き……（サンマリノ）
56 地中海のイカめし……（キプロス）
57 ごはんを詰めた鶏肉のオーブン焼き……（アルメニア）
58 大人のほろ苦牛肉ギネス煮込み……（アイルランド）
59 お店の味の鶏肉クリーム煮込み……（フランス）
60 じゃがいもとアンチョビのグラタン……（スウェーデン）
61 羊飼いのパイ……（イギリス）
62 漁師の豪快炊き込みごはん……（スペイン）
64 カッテージチーズのふわふわパイ焼き……（セルビア）
65 厚焼きクレープのもっちりピザ……（オランダ）
66 彩りあざやか牛肉のパプリカ煮込み……（ハンガリー）
67 ソーセージのザワークラウト煮込み……（ポーランド）
68 塩ヨーグルトのディップ……（トルクメニスタン）
68 冷たいヨーグルトスープ……（ブルガリア）
69 タラと玉ねぎのすり身焼き……（アイスランド）
69 焼きなすのカナッペ……（ルーマニア）
70 贅沢！牛肉のベーコン巻き……（エストニア）
71 ミートボール入りじゃがいも餅……（リトアニア）

72 ビールの国のじゃがいもお好み焼き……(チェコ)
73 鶏肉と野菜のクレープグラタン……(オーストリア)
74 サーモンのバターソテー……(ノルウェー)
75 サーモンソテーアーモンドバターソース……(ルクセンブルク)
76 パクチーをのせたジャーマンポテト……(ジョージア)
78 鶏肉と野菜のゴロゴロ串焼き……(キルギス)
79 東欧のハンバーグサワークリーム添え……(ラトビア)
80 卵とレモンのスープ……(ギリシャ)
81 羊肉とドライフルーツの煮込み……(アゼルバイジャン)
82 ビーツと牛肉のぽかぽか煮込み……(ウクライナ)
83 ミルフィーユ仕立てのポテトサラダ……(モルドバ)
84 クロアチア風手づくりソーセージ……(クロアチア)
84 じゃがいもと玉ねぎの香ばしい炒めもの……(スロベニア)
86 ヨーロッパの肉じゃが……(ボスニア・ヘルツェゴビナ)
86 鶏肉とパプリカのクリーム煮込み……(スロバキア)
87 バルカン半島のチーズ入りハンバーグ……(マケドニア)

87 キャベツとベーコンが入ったマッシュポテト……(アンドラ)
88 羊肉と野菜ソースかけうどん……(カザフスタン)
89 塩とレモンの手もみサラダ……(タジキスタン)
90 豚肉のサワークリーム煮込み……(ベラルーシ)
91 じゃがいもをすりおろしサラミを浮かべたスープ(ポルトガル)
92 鮭とごはんのパイ包み焼き……(フィンランド)
93 ミートボールの牛肉巻きトマト煮込み……(マルタ)
94 豚ロースのステーキバルサミコソース……(バチカン)
96 海老のチーズコロッケ……(ベルギー)
97 ミントとチーズのライスコロッケ……(アルバニア)
98 コーンミールの団子スープ……(リヒテンシュタイン)
98 羊肉とにんじんのピラフ……(ウズベキスタン)
99 牛肉のサワークリーム煮込み……(ロシア)
100 豚肉のパン粉焼ききのこクリームソース……(ドイツ)
101 やみつきポテトケーキ……(スイス)
102 小さなハンバーグヨーグルトソース……(コソボ)

104 サクットロッ鶏肉のチーズ揚げ……（モンテネグロ）
105 タラと野菜のトマトソース煮込み……（モナコ）
106 北欧のオープンサンド……（デンマーク）

《オセアニア》をおうちで

108 ごはんがすすむ鶏肉の酢しょうゆ煮込み……（ミクロネシア）
109 キャベツとコンビーフのココナッツミルク煮込み……（トンガ）
110 マグロと野菜のココナッツクリーム和え……（クック諸島）
112 ひき肉のジューシーパイ……（オーストラリア）
113 白身魚とポテトのフライ……（ニュージーランド）
114 沈みゆく島の中華丼……（ツバル）
115 日本とほぼ同じ牛肉とじゃがいものカレー……（バヌアツ）
116 さごやしでんぷんのくず餅風……（パプアニューギニア）
118 シナモン揚げドーナッツ……（サモア）
118 さつまいものココナッツ煮……（ソロモン諸島）
119 ライスとココナッツのおやつ……（ナウル）
119 里芋とパパイヤの重ね蒸し……（ニウエ）
120 白身魚のココナッツマリネ……（フィジー）
121 あさりと豚肉のほうれん草包み……（パラオ）
122 日本の名残りマグロのごま油和え……（マーシャル諸島）
123 冷汁みたいなマグロのココナッツ汁かけごはん……（キリバス）

《アフリカ》をおうちで

125 世界一小さいパスタのトマトソースがけ……（ニジェール）
126 ウガンダの主食コーン団子……（ウガンダ）
128 白身魚のピーナッツ煮込み……（ガボン）
129 牛肉のピーナッツソース煮……（ザンビア）
130 金時豆のとろっとしたトマト煮……（ブルンジ）
131 豆とコーングリッツの煮込み……（カーボヴェルデ）
132 シンプルなローストチキン……（コンゴ共和国）
132 牛肉と白インゲン豆の煮込み……（コンゴ民主共和国）
134 レンズ豆とマカロニのトマトごはん……（エジプト）

135 羊肉の汁だく炊き込みごはん……（モーリタニア）
136 鶏肉のタジン鍋煮込み……（モロッコ）
137 牛肉と季節野菜のポトフ……（コートジボワール）
138 海老のオクラソース煮……（ベナン）
138 白身魚のオクラソース煮……（カメルーン）
139 鶏肉とたっぷり野菜のシチュー……（アンゴラ）
139 ピリッと辛い鶏肉の煮込み……（サントメ・プリンシペ）
140 おこげまで美味しい魚の炊き込みごはん……（ガンビア）
142 ほうれん草のクリーム煮込み……（レソト）
143 ほうれん草の煮込みほんのりシナモン……（リベリア）
144 白身魚のフライトマトソース……（ギニア）
145 鶏肉のさわやかマスタード煮込み……（マリ）
146 ごはんの入ったピーマンの肉詰め……（南スーダン）
147 インド移民風フライドチキン……（ジンバブエ）
148 金時豆の甘じょっぱいペースト……（ルワンダ）
148 トマトと玉ねぎのディップソース……（モーリシャス）

150 さつまいもとバナナのココナッツミルク煮……（セーシェル）
151 調理用バナナのシチュー……（赤道ギニア）
152 ほうれん草とピーナッツの炒めもの……（ボツワナ）
153 カレー風味のかんたん野菜炒め……（マラウイ）
154 薄切りじゃがいもとひき肉の煮込み……（ソマリア）
155 野菜の煮込みほんのりカレー風味……（エリトリア）
156 アフリカ中部のビーフシチュー……（チャド）
156 豚肉のトマトシチュー……（マダガスカル）
157 豚肉のピーナッツソース煮込み……（セネガル）
157 鶏肉とひよこ豆の赤い煮込み……（アルジェリア）
158 オーブンで焼いた牛肉とチーズの卵焼き……（チュニジア）
159 赤レンズ豆のかわいいコロッケ……（ジブチ）
160 まるごと卵のスパイスカレー……（エチオピア）
162 オクラとピーナッツのソース……（ギニアビサウ）
163 ラマダン明けの茄子とゴマのペースト……（リビア）
164 手羽元とトマトのピリ辛炊き込みごはん……（シエラレオネ）

165 タイ米でつくりたい牛ひき肉の混ぜごはん……（ブルキナファソ）
166 ソーセージとポテトフライ……（ナミビア）
166 一味をきかせたバナナフライ……（ガーナ）
167 手間いらずの肉汁ミートローフ……（南アフリカ）
168 栄養満点！ケールと牛肉のシチュー……（ケニア）
169 メロンの種と鶏肉のシチュー……（ナイジェリア）
170 焼き魚のさっぱりサラダ……（中央アフリカ）
171 サバの漁師スープ……（タンザニア）
172 オクラが主役の牛肉煮込み……（スーダン）
174 カツオのトマトソース煮……（コモロ）
175 豆とツナと野菜の蒸しもの……（トーゴ）
176 アフリカ南部の羊肉のシチュー……（スワジランド）
177 手で食べたい海老のスパイスオイル焼き……（モザンビーク）

《アジア》をおうちで

179 鶏肉のレモン煮込み……（イエメン）
180 やみつきマレー風焼きそば……（マレーシア）
180 サクモチ揚げ春巻き……（ベトナム）
182 サフランライスヨーグルト煮込みのせ……（ヨルダン）
183 きのことじゃがいものチーズ煮込み……（ブータン）
184 豚肉の酸っぱいスープ……（フィリピン）
186 赤レンズ豆のやさしいカレー……（スリランカ）
187 テンペのココナッツカレー……（東ティモール）
188 ひき肉のせ揚げパン……（カンボジア）
190 スパイスからつくる本場の羊肉カレー……（インド）
190 サバのココナッツカレー……（バングラデシュ）
191 大好き！　中東の煮込みハンバーグ……（トルコ）
192 細いパスタのデザート……（オマーン）
192 すりおろしキュウリとヨーグルトのサラダ……（クウェート）
193 中華料理屋の麻婆豆腐……（中国）
193 韓国風牛肉と春雨の炒めもの……（韓国）
194 インゲンが主役のトマト煮込み……（シリア）
196 牛肉のオーブン焼きさっぱり味……（アラブ首長国連邦）

197 ごろごろ野菜のオーブン焼き……（サウジアラビア）
198 鶏肉とトマトのスープカレー……（ネパール）
200 パプリカと半熟卵のトマトソース煮込み……（イスラエル）
201 ミャンマーのお母さんの肉じゃが……（ミャンマー）
202 鶏肉となすのバジル炒め……（ラオス）
203 ミートボールのヨーグルト煮込み……（イラン）
204 シナモン風味のなすと牛肉の炊き込みごはん……（イラク）
206 鶏肉のスパイス焼き……（パキスタン）
207 手羽元のから揚げ風アジアン味……（ブルネイ）
208 天国にいちばん近い島のフィッシュカレー……（モルディブ）
208 羊肉のヨーグルトマリネ煮込み……（アフガニスタン）
209 鶏肉とかぼちゃのくたくた煮込み……（バーレーン）
209 パーティーで出したいひよこ豆のペースト……（レバノン）
210 屋台の定番豚肉の香り煮……（シンガポール）
212 揚げ焼き肉まん……（モンゴル）
213 ゆで野菜のアジアンサラダ……（インドネシア）
214 海老の炊き込みごはん……（カタール）
215 ビールが飲みたくなる酸っぱいサラダ……（タイ）
216 おかんのお好み焼き……（日本）

218 献立別さくいん
223 シーン別さくいん
228 シェフのおすすめさくいん
230 世界地図から探す
232 あとがき
236 スペシャルサンクス
238 世界のごちそう博物館紹介

オレンジ色のレシピには
料理のレシピにまつわる
エピソード付き！

“アメリカ大陸”をおうちで

AMERICA

アメリカ大陸といえば、アメリカ合衆国やブラジル、美しいカリブ海にはるか彼方まで続くアンデス山脈。大航海時代にコロンブスが発見した新大陸ですが、その発見は食の世界においてもかなりの衝撃だったと言います。

世界中で食べられているトマトやジャガイモの原産地でもあるアメリカ大陸は、食材の宝庫。地球の裏側では、みなさんのよく知っている食材が、意外な使われ方をしていますよ。

メキシコ

料理名 モレ・ポブラーノ

鶏肉のピリ辛チョコレートソース煮

35 min

カレー粉の代わりにチョコレートを加えた煮込み。
最初は甘いのに、じわじわ辛みがきいてくる！
食べたことのない味を楽しめる一品です。

材料（2人分）

- 鶏もも肉…1枚（一口大）
- 塩・胡椒…少々
- オリーブオイル 大さじ1
- A にんにく（みじん切り）…1かけ
- A 玉ねぎ…1個（薄切り）
- B カットトマト…1/2缶
- B カイエンペッパー…小さじ1/2
- B クミン…小さじ1
- ビターチョコ（カカオ%が高いもの）…50g

作り方

1. 鶏肉に塩・胡椒を振る。フライパンに油を熱し、中火で鶏肉の表裏に焼き色を付け、一度取り出す。
2. 同じフライパンにAを入れ、弱火で茶色になるまで炒める。
3. 1とBを加え、一煮立ちさせる。アクを取り、弱火で20分煮る。ビターチョコを加え、溶かしからめる。

アドバイス！ チョコレートはカカオ70%以上のものを。甘くなりすぎず美味しく仕上がります。

シチューでもカレーでもない

アメリカ

料理名

鶏肉とオクラのとろとろスパイシー煮込み

ガンボ

45 min

オクラがたっぷりと入った、ごはんに合う煮込み。
とろみのおかげで最後までアツアツです。
炒めて煮込むだけのかんたんな料理なので、
シチューにもカレーにも飽きたら、お試しあれ。

材料（2人分）

A
- オクラ…200g（輪切り）
- 玉ねぎ…1/2個（粗みじん切り）
- にんにく（おろし）…大さじ1

- サラダ油…大さじ1
- 鶏もも肉…100g（サイコロ大）
- 薄力粉…大さじ1

B
- カットトマト…1/2缶
- 水…1カップ（200cc）

C
- オレガノ…小さじ1/2
- カイエンペッパー…小さじ1/2
- タイム…小さじ1/2
- パプリカ…大さじ1
- 塩…大さじ1/2
- 胡椒…小さじ1/2

作り方

1 鍋に油を熱し、中火でAをしんなりするまで炒める。鶏肉を加え、色が変わるまで炒める。薄力粉を加え、3分ほど混ぜながら炒める。

2 Bを加え、弱火で10分煮込む。

3 Cを加え、さらに弱火で20分煮込む。

アドバイス！ とろみがあると冷めにくいので、オクラは煮込みに最適！ 冬の定番にどうぞ。

002／196

料理から見える世界 1

アメリカなのにオクラ料理？

アメリカの料理といえばハンバーガーやステーキのイメージがありませんか？ しかし、この料理にはオクラが入っています。日本でもお馴染みの食材ですが、実はアフリカが原産。

その昔、大航海時代にヨーロッパの国々がアフリカを侵略しました。そして、たくさんの黒人たちを奴隷としてアメリカに連れて行きました。とても悲しい歴史なんですが、オクラがアフリカから渡ったものだと聞いたとき、ハッと思ったんです。奴隷たちを乗せてアメリカを目指した船に、オクラの種も乗っていたんじゃないかと。

それから調べてみると、やはりオクラが伝わったのはその時代なんです。使っているスパイスやハーブも、実はヨーロッパやインドのものが混ざっていて、当時の貿易のルートがこの一皿に凝縮されているんです。

たった1つの煮込み料理の裏側に、こんな壮大な話が隠れていたなんてすごいと思いませんか。この料理はわたしが料理を通して歴史や文化を知ってもらいたいと思ったきっかけでもあるんです。

料理を通して世界のことを知ってもらおうと始めたレストラン「パレルモ」

ジャマイカ

料理名

ジャークチキン

オレンジジュースに漬けたローストチキン

45 min

漬けて焼くだけのスパイシーな鶏の丸焼きです。
美味しさの秘密はタレに使うオレンジジュース。
ほどよい甘みと酸味で後味さっぱり。

材料（2人分）

- 鶏もも肉…2枚（4等分）
- A
  - 玉ねぎ…1/2個
  - にんにく（おろし）…小さじ1/2
  - しょうが（おろし）…小さじ1/2
  - オレンジジュース…1/2カップ（100cc）
  - ライム果汁…1/2個分
  - オリーブオイル…大さじ2
  - カイエンペッパー…小さじ1/2
  - クミン…小さじ1/2
  - タイム…小さじ1/2
  - ドライパセリ…小さじ1/2
  - パプリカパウダー…小さじ1/2
  - 砂糖…大さじ1
  - 胡椒…小さじ1/2
  - 塩…小さじ1

作り方

1 Aをミキサーにかける。

2 ボウルに1と鶏肉を入れ、冷蔵庫で30分漬ける。

3 240度のオーブンで10分、こんがり焦げ目が付くまで焼く。

アドバイス！ 調味料はたくさんありますが、ミキサーにかけて鶏肉を漬けるだけです。

ハイチ

料理名 グリオッツ

豚肉のオレンジ煮込み

30 min

豚ロース肉をオレンジジュースで煮込んだ料理。
カリブ海の島ハイチではオレンジの民話があるほど、
日常に溶け込んだ食材です。

材料（2人分）

豚ロース肉…2枚（一口大）
サラダ油…大さじ1
玉ねぎ…1/2個（粗みじん切り）

A
- オレンジ果汁…1個分
- レモン汁…大さじ1
- タイム…小さじ1/2
- 塩…小さじ1/2
- 黒胡椒…小さじ1/2

オレンジ（飾り用）…1個

作り方

1 鍋に油を熱し、中火で豚肉を焼き色が付くまで焼き、一度取り出す。

2 同じ鍋で玉ねぎをしんなりするまで炒め、1を戻し、Aを加える。一煮立ちさせて、アクを取り、弱火で汁気がほとんどなくなるまで煮込む。

3 飾り用のオレンジを添える。

アドバイス！ オレンジ果汁は100%のオレンジジュース70ccで代用してもOK！

ホンジュラス

料理名 チレコンカルネ

ひき肉と豆のピリ辛トマト煮込み

75 min

赤い見た目が鮮やかな豆の煮込み。
西部劇で、カウボーイがよく食べている料理ですね。
「THE アメリカ大陸の味」という感じです。

材料（2人分）

- キドニービーンズ（金時豆）…100g（一晩水に浸す）
- A
  - にんにく（みじん切り）…1かけ
  - 玉ねぎ…1/2個
- 牛ひき肉…50g
- オリーブオイル…大さじ1
- B
  - カットトマト…1/2缶
  - ケチャップ…大さじ1
  - クミン…小さじ1
  - チリパウダー…小さじ1
  - 塩…小さじ1
  - 胡椒…小さじ1/2

作り方

1 鍋に豆を水ごと入れて、中火で30分柔らかくなるまで煮る。

2 別の鍋に油を熱し、中火でAをしんなりするまで炒める。ひき肉を加え、火が通るまで炒める。

3 1と煮汁50cc、Bを加え、弱火で30分煮込む。

アドバイス！ 豆はほんの少しだけ歯ごたえを残した方が食べ応えがあって美味しいです。

きび砂糖がポイントだって

セントクリストファー・ネーヴィス

料理名 ペラウ

ほんのり甘い鶏肉のパエリア風ごはん

55 min

ピラフやパエリアとはちょっぴり違う、ほんのり甘い炊き込みごはん。

材料（2人分）

きび砂糖（三温糖）… 大さじ3
サラダ油 … 大さじ3

A
鶏肉 … 100g（サイコロ大）
玉ねぎ … 1/2個（粗みじん切り）
にんじん … 1/2本（いちょう切り）
ピーマン … 1個（細切り）

米 … 1合（洗っておく）

B
ココナッツミルク … 1/2カップ（100cc）
水 … 1/2カップ（100cc）

塩 … 小さじ1

作り方

1 土鍋に油を熱し、中火できび砂糖を炒める。焦げる寸前（カラメルくらい）になったらAを加え、5分炒める。

2 米を加え、5分ほど炒めたらBを加え、混ぜながら5分煮る。塩で味をととのえ、フタをして弱火で15分煮る。

3 火を止めて、15分蒸らす。

アドバイス！
きび砂糖は最初から混ぜて炒めないこと。全体が溶け出してきたら混ぜて。

アルゼンチン

料理名 エンパナーダ

おやつでもおつまみでも！ 卵入り揚げ餃子

90 min

アメリカ大陸で広く親しまれている具入りパン。
具材は各国で少しずつ異なりますが、
アルゼンチンはスパイスのきいた牛ひき肉とゆで卵。

材料（2人分4個）

A
- 卵…1/2個
- 薄力粉…160g
- 白ワイン…小さじ2
- 水…40cc
- オリーブオイル…大さじ1
- 塩…小さじ1/2
- 胡椒…小さじ1/4
- 薄力粉…大さじ1/2
- ゆで卵…1個（4等分）

B
- 玉ねぎ…1/4個（みじん切り）
- にんにく（おろし）…小さじ1/2
- オリーブオイル…大さじ1/2
- 牛ひき肉…150g

C
- クミン…小さじ1/2

作り方

1 皮をつくる。ボウルにAを入れて、ひとまとまりになるまでこねる。ビニール袋に入れて、冷蔵庫で30分寝かす。

2 具をつくる。フライパンに油を熱し、Bを透明になるまで炒める。ひき肉を加え、色が変わったらCを加え、5分炒める。薄力粉を加え、からめて冷ます。具は4等分にし、丸めておく。

3 1を4等分し、直径10cmの丸型にのばす。2と卵をのせて半分に折り、ひだをつくる。180度のオーブンで20分焼く。

アドバイス！ エンパナーダの包み方は、動画サイトでもアップされているので検索してみて。

こぼれるけど
美味しい（笑）

トリニダード・トバゴ

料理名

豆カレーの揚げパンサンド

ダブルス

90 min

現地ではスナック感覚で食べられている揚げパン。
具材にはカレー風味のひよこ豆をサンドしています。
豆のコロコロとした食感がおもしろいです。

材料（8人分）

A
ぬるま湯…2カップ（400cc）
強力粉…600g
ドライイースト…小さじ1
ターメリック…小さじ1
砂糖…小さじ1　塩…小さじ1/2

玉ねぎ…1/2個（みじん切り）
オリーブオイル…大さじ2

B カットトマト…1/2缶　ひよこ豆（水煮缶）…1缶

C カレー粉…大さじ1　塩・胡椒…小さじ1/2

作り方

1 皮をつくる。ボウルにAを入れて、ひとまとまりになるまでこねる。ラップをかぶせて、常温で30~60分、生地が2倍に膨らむまで寝かす。

2 具をつくる。鍋に油を熱し、中火で玉ねぎをしんなりするまで炒める。Bを加え、一煮立ちさせる。アクを取り、Cを加え、弱火で汁気がほとんどなくなるまで煮込む。

3 1を8等分し、直径15㎝の丸型にのばす。180度の油で5分、両面をこんがり揚げる。
2の具を挟む。

アドバイス！
皮の分量は少ないとつくりづらいので、レシピは８人分で用意しています。

今夜はステーキだ！

ウルグアイ

料理名

アサード チミチュリ

牛肉のステーキ さっぱりBBQソース

15 min

チミチュリという南米の万能ソースで食べるステーキ。
パセリがきいたソースはあっさりお肉が食べられます。
いろんな肉料理にかけてみて。

材料（2人分）

牛ステーキ肉…2枚
塩・胡椒…少々
オリーブオイル…大さじ1

A
玉ねぎ…1/2個（みじん切り）
パセリ…ひとつかみ（みじん切り）
にんにく（おろし）…小さじ1/2
シェリー酒ビネガー（酢）…大さじ2
オリーブオイル…大さじ2
オレガノ…小さじ1/2
カイエンペッパー…小さじ1/2
クミン…小さじ1/2
コリアンダー…小さじ1/2
ブラックペッパー…小さじ1/2

作り方

1 牛肉に塩・胡椒を振る。
2 Aを混ぜ合わせて、ソースをつくる。
3 フライパンに油を熱し、強火で1を表裏3分ずつ焼く。皿に盛り付け、2をかける。

アドバイス！ 酢と野菜がたっぷり入っているので、肉料理でも栄養のバランスがとれます。

ベリーズ

料理名 ココナッツシュリンプ

ココナッツエビフライ

20 min

パン粉の代わりにココナッツフレークを衣に。
常夏のカリブ海の味わいです。
ソースはなしで、塩・胡椒かレモン汁でどうぞ。

材料（2人分）

有頭海老…12尾
塩・胡椒…少々
小麦粉…大さじ1
牛乳…大さじ3
ココナッツフレーク…適量

作り方

1 海老に塩・胡椒を振る。
2 牛乳で溶いた小麦粉をつけ、ココナッツフレークをまぶす。
3 180度の油で3分揚げる。

アドバイス！ ココナッツフレークはお菓子売り場にあります。

10 min

和えて冷やすだけのお手軽メニュー。
ライムとパクチーがいい仕事してます。

エクアドル

料理名　セビーチェ

夏に食べたい 魚とエビのマリネ

011／196

材料（2人分）

玉ねぎ…1/4個（薄切り）
小海老（ゆで）…4尾
スモークサーモン…8切れ
トマト…1/2個（薄切り）
パクチー…2本（みじん切り）
ライム果汁…1/2個分
オリーブオイル…大さじ2
塩…少さじ1/2
胡椒…少々

作り方

1 玉ねぎを5分ほど水にさらす。
2 ボウルに材料をすべて入れて、混ぜ合わせ、冷蔵庫でしっかり冷やす。（できれば3時間冷やすと芯まで冷えて美味しいです）

80 min

うずら豆をごはんと炊くだけ。
バルバドスなのに日本の味。

バルバドス

料理名　ビーンズ＆ライス

たまに無性に 食べたくなる豆ごはん

012／196

材料（2人分）

うずら豆（ひよこ豆）…100g（一晩水に浸す）
A
米…1合（洗っておく）
水…1カップ（200cc）
塩…小さじ1/2

作り方

1 鍋に豆を水ごと入れて、中火で30分柔らかくなるまで煮る。
2 炊飯器に1の豆とAを入れて、目盛りどおりの水を加え、炊く。

スリナム

料理名 カサミエント

赤い豆のトマト煮込み

013／196

50 min

南米の基本的な豆の煮込み。
ごはんにかけていただきます。

材料（2人分）

カリオカ豆（金時豆）…100g
（一晩水500ccに浸す）

A
にんにく（みじん切り）…1/2かけ
玉ねぎ…1/2個（みじん切り）
塩…少さじ1/2
胡椒…少々

オリーブオイル…大さじ1
カットトマト…1/4缶

作り方

1 鍋に豆を水ごと入れて、中火で30分柔らかくなるまで煮る。

2 別の鍋に油を熱し、中火でAをしんなりするまで炒める。

3 カットトマトと1を煮汁ごと加え、弱火で15分煮込む。

ボリビア

料理名 ピケマチョ

牛肉とフライドポテトの炒めもの

014／196

20 min

肉や野菜とともに、
フライドポテトを甘辛く炒めた料理。

材料（2人分）

フライドポテト（冷凍）…200g
牛ステーキ肉…200g（細切り）
オリーブオイル…大さじ3

A
玉ねぎ…1/2個（薄切り）
ピーマン…2個（短冊切り）
ソーセージ…4本（斜め切り）

B
トマト…1/2個（くし切り）
クミン…大さじ1
塩…小さじ3/4
胡椒…小さじ1/2

作り方

1 フライドポテトを揚げる。

2 フライパンに油を熱し、中火で牛肉を焼き色が付くまで炒め、塩・胡椒（分量外）を軽く振る。Aを加え、中火でしんなりするまで炒める。

3 1とBを加え、中火でスパイスの香りが出てくるまで炒める。

この辛さ
好きだな

ペルー

料理名 アヒ・デ・ガジーナ

鶏肉のイエローペッパー煮込み

イエローペッパーでつくったカレーのような料理。
食パンでとろみをつける調理法も新しい。
食べると、じわ〜っと汗をかきます。
爽やかな見た目と風味が夏にぴったりです。

50 min

材料（2人分）

鶏むね肉…300g
食パン（6枚切り）…1/2枚
牛乳…1カップ（200cc）
A にんにく（みじん切り）…1かけ
玉ねぎ…1個（薄切り）
サラダ油　大さじ1
B イエローペッパー…大さじ2
パルメザンチーズ…大さじ1
じゃがいも（ゆで）…2個（薄切り）
ゆで卵…2個（縦に4等分）
塩…小さじ1
胡椒…小さじ1/2

作り方

1 鍋に鶏肉と水（分量外）を入れ、一煮立ちさせる。アクを取り、弱火で20分ゆでる。粗熱がとれたら細かく指で裂き、ゆで汁にそのままつけておく。

2 食パンを牛乳に浸し、5分置き、ミキサーにかける。

3 別の鍋に油を熱し、中火でAをしんなりするまで炒める。2を加え、弱火で15分煮る。1とゆで汁を加え、カレーくらいの固さに調整する。Bを加え、塩・胡椒で味をととのえる。

4 ごはんとじゃがいもにかけて、ゆで卵を盛り付ける。

アドバイス！

イエローペッパー（アマリージョ）の瓶詰めは、通販で購入できます。

015／196

料理から見える世界 2

インカ帝国でも食べられていたじゃがいも

ペルーといえば何を思い浮かべますか？ 巨大なナスカの地上絵や、インカ帝国が栄えたマチュピチュなどの古代文明を挙げる方も多いはず。いまだ解明されていないミステリーが残っているこの土地ですが、その舞台の1つ、アンデス山脈のあるアンデス地方は「食材の宝庫」と言われ、様々な野菜の原産地でもあります。じゃがいもやトマト、とうもろこしなど、普段わたしたちの食卓に並んでいるものばかり。インカ帝国の繁栄の元にはこういった安定した食材の存在があったのです。ここからスペイン人がヨーロッパに持ち帰り、世界各地へ広まりました。特にじゃがいもは世界中の飢饉を救ってきたスーパー野菜です。ペルーにはじゃがいもだけでも1000以上の品種が存在し、首都リマではじゃがいも祭りも開催されているほどのソウルフード。

このアヒ・デ・ガジーナは現地ではじゃがいもにかけて食べることが多い料理で、「じゃがいもを美味しく食べるための料理」と言っても過言ではありません。日本人の舌に合うので、ペルー料理の中でも日本人が好きな味の代表として知られる料理です。おいしいじゃがいもが手に入ったときはぜひこの料理をつくって、ホカホカのじゃがいもにかけてみてください。

これ、
焼きトウモロコシの
味だ！

チリ

料理名

パステル・デ・チョクロ

ひき肉のとうもろこしグラタン

60 min

グラタンの表面にとうもろこしペーストを使った料理。
こんがりと焼けたとうもろこしの香りはお祭りの匂い。
甘みも豊かで、お肉との相性もいいです。

材料（2人分）

A

とうもろこし（缶詰）…200g
バター…大さじ1（12g）
牛乳…1/4カップ（50cc）
塩…小さじ1/2
胡椒…少々

B

合びき肉…200g
玉ねぎ…1/4個（みじん切り）
にんにく（みじん切り）…1/2かけ
オリーブオイル…大さじ1
クミン…小さじ1/2
砂糖…小さじ1
塩…小さじ1/2
胡椒…少々

作り方

1 Aをフードプロセッサーにかけて、粒が少し残るくらいまで混ぜる。鍋に入れて、中火で5分煮る。

2 ボウルにBを入れて、よく混ぜる。

3 耐熱皿に2を敷き詰め、1をまんべんなくかけて、200度のオーブンで40分焼く。

アドバイス！

グラタンなのに、日本のお祭りが懐かしくなってくる味なんです。不思議ですね。

セントビンセントおよびグレナディーン諸島

料理名 マカロニパイ

地球の裏側でも人気 マカロニグラタン

40 min

子どもも大人も大好きなマカロニグラタンは、世界中のどこでも人気の味でした。材料もつくり方もまったく変わりません。

材料（2人分）

薄力粉…20g
牛乳…1カップ（200cc）
バター（ソース用）…20g
塩…小さじ3/4
胡椒…少々
玉ねぎ…1/2個（スライス）
バター（具材用）…大さじ1（12g）
マカロニ（ゆで）…100g
パン粉…ひとつかみ

作り方

1 ホワイトソースをつくる。鍋にバターを熱し、弱火で混ぜながら薄力粉を加える。牛乳を少しずつ加え、混ぜる。塩、胡椒で味を付ける。

2 別の鍋にバターを熱し、中火で玉ねぎをしんなりするまで炒める。1とマカロニを加え、中火でよく混ぜながら一煮立ちさせる。

3 耐熱皿に2を敷き詰め、パン粉をちらし、230度のオーブンで20分焼く。

アドバイス！ ソースをつくるときは牛乳を少しずつ入れて、ダマにならないように混ぜて。

パクチーがきいてるね

パナマ

料理名 サンコーチョ

手羽元とキャッサバの濃厚スープ

50 min

タピオカの原料であるキャッサバが主役のスープ。
里芋で代用できます。
鶏肉のダシに芋の甘み、深い味わいです。

材料（2人分）

A
- 手羽元…6本
- 玉ねぎ…1/2個（薄切り）

オリーブオイル…大さじ2
水…2カップ（400cc）
キャッサバ（里芋）…6個
パクチー…3枝（ざく切り）
塩…小さじ3/4

作り方

1 鍋に油を熱し、Aを中火で色が変わるまで炒める。

2 水を加え、一煮立ちさせる。アクを取り、キャッサバを加え、弱火にして30分煮込む。

3 パクチーを加え、塩で味をととのえる。

アドバイス!

生のキャッサバは珍しいですが、ボイル後冷凍したものが通販で購入できます。

キューバ

料理名 アヒアコ

じゃがいもとコーンのスパイシーチキンスープ

50 min

キューバのソウルフード（スープ）です。
じゃがいもとコーンとアボガドの食感が楽しい！
生クリームとパクチーとケイパーが絶妙！

材料（2人分）

A
- 鶏もも肉…1/2枚　パクチー…3枚
- にんにく（おろし）…小さじ1/2
- 水…2カップ（400cc）

じゃがいも…2個（一口大）
ホワイトジャイアントコーン（あれば）…6個
塩…小さじ1/2

B
- ケイパー…3粒（みじん切り）
- アボカド…1/2個（サイコロ大）

生クリーム…適量

C
- 長ねぎ…小さじ1（みじん切り）
- パクチー…小さじ1（みじん切り）
- 鷹の爪…小さじ1（みじん切り）
- サラダ油…大さじ1

作り方

1 鍋にAを入れて、一煮立ちさせ、弱火で30分煮込む。鶏肉だけ一度取り出し、細かく割く。

2 じゃがいもを加え、弱火で15分くずれるほど柔らかくなるまで煮込む。1を戻し、ジャイアントコーンを加え、塩で味をととのえる。

3 器に盛り付け、Bをトッピングして、生クリームを回しかける。Cを混ぜて、お好みで添える。

アドバイス！ ケイパーは、キュウリのピクルスで代用できます。

今日は手間ひまかけてみた

ベネズエラ

料理名 カルネメチャーダ

牛肉の細切り マディラワイン煮込み

100 min

甘口のデザートワイン、マディラワインで煮込む料理。
おしゃれな牛肉料理なので、
余ったワインとともに記念日の食卓にぜひ。

材料（2人分）

牛もも肉…100g
玉ねぎ…1/2個（粗みじん切り）
オリーブオイル…大さじ1
A
赤パプリカ…1/2個（細切り）
カットトマト…1/2缶
マディラワイン…1/2カップ（50cc）
塩…少さじ1/2
胡椒…少々

作り方

1 鍋に牛肉と水（分量外）を入れ、一煮立ちさせる。アクを取り、弱火で1時間ゆでる。牛肉は細かく割く。
2 鍋に油を熱し、中火で玉ねぎをしんなりするまで炒める。
3 1とAを加え、弱火で30分煮込む。

アドバイス！ マディラワインは通販で入手可能です。甘口の赤ワインでも代用できます。

パラグアイ

料理名

ボリ・デ・ポジョ

手羽元とコーン団子のスープ

とうもろこしの粉末でつくる団子のスープです。
弾力のある歯ごたえは食べ応え十分。
スープはオレガノがアクセントになっています。

80 min

材料（2人分）

A
- コーンミール…50g
- モッツァレラチーズ…30g
- 熱湯…60cc〜70cc

B
- カットトマト…1/2缶
- 水…1カップ（200cc）

- 手羽元…6本

C
- 玉ねぎ…1/2個（薄切り）
- ピーマン…1個（細切り）
- オレガノ…小さじ1/2

- 塩…小さじ1/2
- 胡椒…少々

作り方

1 ボウルにAを入れて、よく混ぜ、直径2㎝の団子にする。

2 鍋にBを入れて、一煮立ちさせる。手羽元を加え、さらに一煮立ちさせる。アクを取り、Cを加え、弱火で30分煮込む。

3 1の団子、塩・胡椒を加え、さらに30分煮込む。

アドバイス！ 団子の生地を混ぜるときは熱湯を使うので、火傷には気をつけて。

アンティグア・バーブーダ

料理名 ソルトフィッシュ

タラの塩漬けくたくたトマト煮込み

40 min

タラの香りと旨みがいっぱいの煮込み料理。見た目以上に味が濃いので、お酒と一緒に少しずつ食べて。

材料（2人分）

タラ（干しダラ）…2きれ

A
- 玉ねぎ…1/2個（粗みじん切り）
- ピーマン…1個（細切り）

オリーブオイル…大さじ2

B
- カットトマト…1/2缶
- 水…1/4カップ（50cc）

塩…小さじ1

作り方

1 タラの皮と骨を取りのぞく。

2 鍋に油を熱し、中火でAをしんなりするまで炒める。

3 Bを加え、一煮立ちさせ、タラを加える。アクを取り、弱火で途中混ぜながら30分煮込む。（くずれても大丈夫）

4 塩で味をととのえる。

アドバイス！ 干しダラの場合は、塩分を抜いてください。

カナダ

料理名 サーモンソテー・メープルソース

サーモンソテー メイプルシロップのソース

20 min

北米の名産を掛け合わせた美しい一品。メイプルシロップとワインビネガーのソースで、とても品のある味わいです。

材料（2人分）

- サーモン…2切れ
- 塩・胡椒…少々
- オリーブオイル…大さじ3
- A
  - メープルシロップ…大さじ5
  - ワインビネガー…大さじ2
  - 塩…小さじ1/2
  - 胡椒…少々

作り方

1 サーモンに塩・胡椒を振る。フライパンに油を熱し、中火で表裏8分ずつ、焼き色が付くまで焼く。

2 Aを混ぜ合わせ、1にかける。

アドバイス！ 焼くときに魚にはできるだけ触らない。フライパンを揺らすだけだとくずれません。

グレナダ

料理名 ロティ

カレー味のじゃがいもクレープ包み

40 min

アジア圏でも食べられるロティ（クレープ包み）ですが、
中米では甘くないおかず系が主流です。
スパイスをきかせた具材をスナック感覚でどうぞ。

材料（2人分）

じゃがいも…2個

A
- ガラムマサラ…小さじ1/2
- クミン…小さじ1/2
- コリアンダー…小さじ1/2
- ターメリック…小さじ1/2

塩…小さじ1

ソフトトルティーヤ（市販）…2枚

オリーブオイル…大さじ2

作り方

1 じゃがいもをゆでる。ボウルにじゃがいもを入れて、マッシュし、Aを加え、よく混ぜる。

2 トルティーヤに1の半量をのせ、くるっと巻く。これを2本つくる。

3 フライパンに油を熱し、2をのせ、弱火で表裏10分ずつ、焼き色が付くまで焼く。

アドバイス！ 辛いのが平気なら、カイエンペッパーや一味を加えるのもおすすめ。

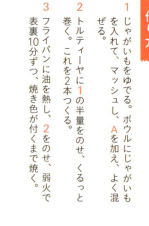

おしゃれなホットサンドだ

コスタリカ

料理名

ケサティージャ

アボカドとチーズとトマトのトルティーヤ

25 min

中米の国民食です。トマトとアボガドとチーズ。
シンプルですが、この組み合わせは間違いなく美味しい！

材料（2人分）

ソフトトルティーヤ…（市販）4枚

A
アボカド…1個（薄切り）
トマト…1個（薄切り）
ミックスチーズ…80g

塩・胡椒…少々
オリーブオイル…大さじ1

作り方

1 トルティーヤの皮の半分にAをのせ、塩・胡椒を振る。皮を半分に折る。

2 フライパンに油を熱し、ごく弱火で表裏10分ずつ、焼き色が付くまで焼く。

アドバイス！ トルティーヤの皮をストックしておけば、ご家庭の料理の幅が少し広がります。

セントルシア

料理名　ビーフカレー

ラテンアメリカの牛肉カレー

026／196

90 min

日本よりスパイスをきかせた
ごはんよりナンが合うカレー。

材料（2人分）

A
牛もも肉…100g（一口大）
水…2カップ（400cc）

B
にんにく（おろし）…小さじ1
しょうが（おろし）…小さじ1
玉ねぎ…1個（みじん切り）

オリーブオイル…大さじ1
カットトマト…1/2缶

C
ガラムマサラ…小さじ1
カレー粉…大さじ3
ターメリック…大さじ1

塩…小さじ1

作り方

1 鍋にAを入れ、一煮立ちさせる。アクを取り、弱火で30分ゆでる。

2 別の鍋に油を熱し、弱火でBを20分じっくりと炒める。

3 Cを加え、香りが出てきたらカットトマト、1をゆで汁ごと加え、一煮立ちさせる。アクを取り、塩を振ったら弱火で30分煮込む。

ドミニカ国

料理名　プランテンバナナ

プランテンバナナ

027／196

6 min

調理用のバナナをゆでたもの。
ジャガイモのような味わいです。

材料（2人分）

プランテンバナナ…2本

作り方

1 バナナを縦半分に切り、一口大に切る。

2 1を中火で5分ゆでる。

バハマ

料理名　フィッシュ・フリッター

カリブ海の白身魚フリット

028／196

15 min

カリッとした衣にふわふわの魚。
魚の香りが鼻を抜けます。

材料（2人分）

- 小麦粉…50g
- 溶き卵…1/2個分
- 水…大さじ3〜5
- 白身魚（スズキかカラスカレイ）…2切れ（一口大）
- 塩・胡椒…少々

作り方

1. 小麦粉に溶き卵と水を加えて、タネをつくる。（ホットケーキくらいもたっとする感じ）
2. 白身魚に塩・胡椒を振り、1をつけ、180度の油で5分ほど揚げる。

ドミニカ共和国

料理名　コーンプリン

とうもろこしのやさしいプリン

029／196

190 min

素朴な甘さのプリン。
何か手作りしたいときに。

材料（2人分）

A
- コーンミール…50g
- 牛乳…1/4カップ（50cc）
- ココナッツミルク…1/2カップ（100cc）
- 砂糖…25g

- シナモンパウダー…適量

作り方

1. ボウルにAを入れて、ダマにならないように混ぜる。
2. 1を鍋に入れ、混ぜながら弱火で温める。とろみがついてきたら器に移す。（ケチャップくらいの濃度）
3. 冷蔵庫で3時間冷やし、シナモンを振る。

見た目と
違って
ホッと
する味

ブラジル

料理名

フェイジョアーダ

黒豆のまっくろ煮込み

60 min

ブラジルの国民食とも言われる煮込み料理です。
黒豆の甘みとお肉の旨みが見事に合わさっています。
マッシュポテトのように添えものにしても OK。
ねっとりなめらか、薄味で女性に好まれそう。

材料（2人分）

黒豆…100g（一晩水500ccに浸けておく）
A
豚こま肉…50g（一口大）
玉ねぎ…1/2個（粗みじん切り）
にんじん…1/2個（半月切り）
にんにく（みじん切り）…1かけ
オリーブオイル…大さじ1
しょうが（しぼり汁）…大さじ1
塩・胡椒…少々

作り方

1 鍋に豆を水ごと入れて、中火で30分柔らかくなるまで煮込む。
2 別の鍋に油を熱し、中火でAを5分ほど炒める。1を煮汁ごと加え、一煮立ちさせる。アクを取り、弱火で20分煮込む。
3 しょうがのしぼり汁を加え、塩・胡椒で味をととのえる。

アドバイス！

しょうがはできればしぼり汁を。くさみ消しと、体温を上げてくれる効果があります。

030／196

料理から見える世界 3

ブラジル人のスタミナのひみつ

ブラジルといえばサッカーのスター選手や情熱的なカーニバル。この料理にはそんな陽気なムードからは想像できないエピソードがあります。

この料理の生い立ちには諸説ありますが、その1つは主人と奴隷の話。

まだ奴隷制が残る時代、主人が残した豚のホルモンや耳などを奴隷たちが安い豆と一緒に調理して食べていました。ある日、主人がいい匂いに誘われたのか「その料理を食べさせろ」と言い出したそうです。食べてみると、とっても美味しい。しかも、塩分補給もできてスタミナもつく。「これはいい料理だ！」と主人がとても気に入り、認められました。その噂とともにこの料理はブラジル全土に広まり、今では地位や階層など関係なく、国民食と言われるまでになりました。ブラジルに行くと、街のレストランでは必ずと言っていいほど、メニューにこの料理の名前がのっています。

もともと黒人たちの苦肉の策の末に生まれた料理が、今はみんなに愛される美味しい一皿となりました。料理だけを見るとわかりませんが、その裏側にいろんな歴史が詰まっているのがおもしろいですね。

世界を股にかけて活躍するサッカー選手やカーニバルがとてもパワフルなのは、この料理のおかげかもしれません。

ニカラグア

料理名 ナカタマル

コーン団子のチマキ

50 min

とうもろこしの粉でつくるチマキ。
ラードを使うと本格的です。
現地では休日の朝ごはんによく食べられています。

材料（2人分）

A
- コーンミール…100g
- ラード（サラダ油）…大さじ1
- 水…1/4カップ（50cc）
- 塩…小さじ1/2

B
- トマト…1/4個（薄切り）
- ピーマン…1/2個（細切り）
- 米…小さじ2

作り方

1 ボウルにAを入れ、よくこね、2等分する。

2 バナナの葉（アルミホイル）に1をのせ、その上にBをのせる。蒸し器に入れて、中火で40分蒸す。

アドバイス！ バナナの葉は通販で購入できます。日本風に笹の葉で包んでも美味しい。

エルサルバドル

料理名 ププサ

豆とチーズのぱくぱくお焼き

60 min

見た目以上にボリュームがあるおやきです。
チーズが入っているのでパサパサ感なく食べやすく、
幼児からおばあちゃんまで、きっと大好き。

材料（2人分）

黒インゲン豆（金時豆）…100g（一晩水に浸す）

A
- 薄力粉…300g
- 水…150g
- 塩…小さじ1/2

塩…小さじ1/2
ミックスチーズ…100g
サラダ油…大さじ2

作り方

1 鍋に豆を水ごと入れて、中火で30分柔らかくなるまで煮込む。

2 皮をつくる。ボウルにAを入れて、よくこね、常温で30分寝かす。

3 具材をつくる。1をすりこぎでつぶし、塩を加え、よく混ぜる。

4 皮を8等分して丸め、3とチーズを入れて、麺棒で平たく伸ばす。

5 フライパンに油を熱し、弱火で4を表裏5分ずつ、こんがり焼く。

アドバイス！ 麺棒で伸ばすときは、破れないようにゆっくり少しずつでかまいません。

ガイアナ

料理名 オクラチキン

鶏肉のフライとオクラソース

60 min

カリカリに揚げた鶏肉にとろとろのオクラソース。
お弁当に喜ばれるおかずです。
ごはんにチキンとソースを乗せてワンプレートでも。

材料 (2人分)

A
- 鶏もも肉…1枚(一口大)　溶き卵…1個分
- にんにく(おろし)…小さじ1/2
- しょうが(おろし)…小さじ1/2
- 小麦粉…大さじ2
- コーンスターチ…大さじ3
- しょうゆ…大さじ1　塩…小さじ1/2

B
- オクラ…6本(輪切り)
- 玉ねぎ…1/2個(薄切り)
- オリーブオイル…大さじ2

C
- カットトマト…1/2缶
- 水…1/2カップ(100cc)
- 塩…小さじ1/2

作り方

1 フライドチキンをつくる。ボウルにAを入れて、よく混ぜ、冷蔵庫で30分寝かす。

2 180度の油で1を5分揚げる。

3 ソースをつくる。鍋に油を熱し、中火でBをしんなりするまで炒める。Cを加え、一煮立ちさせる。アクを取り、弱火で20分煮込む。塩を振り、味をととのえる。

アドバイス！ フライドチキンのポイントはコーンスターチ。カリカリに揚げましょう。

グアテマラ

料理名 ポジョ・ギサド・コン・コカコーラ

鶏肉のコーラ煮込み

40 min

野菜と鶏肉をコーラでじっくり煮込んだ一品。炭酸のおかげでお肉がほろほろに仕上がります。いつもとは違う味を食べたいときにぜひ。

材料（2人分）

A
- にんにく（みじん切り）…1かけ
- しょうが（みじん切り）…親指大
- じゃがいも…2個（乱切り）
- 玉ねぎ…1/2個（薄切り）
- にんじん…1/2本（いちょう切り）

- オリーブオイル…大さじ2
- 鶏もも肉…1枚（一口大）

B
- パプリカ（赤・黄）…各1/2個（細切り）
- ピーマン…1個（細切り）
- カットトマト…1/2缶
- コーラ…180cc
- タイム…小さじ1/2
- 塩…小さじ1
- 胡椒…小さじ1/2

作り方

1 鍋に油を熱し、中火でAをしんなりするまで炒める。鶏肉を加え、色が変わるまで炒める。

2 Bを加え、一煮立ちさせる。アクを取り、弱火で水分が2/3になるまで煮込む。

アドバイス！ コーラには炭酸でお肉を柔らかくして、料理にコクを出す効果があるんです。

コロンビア

料理名

アルボンディゴン

南米風ミートローフ ベーコン巻き

120 min

ベーコンやミンチ、野菜を押し寿司のように
重ねて焼き上げる贅沢なミートローフ。
冷めても肉の味が豊かで、見栄えも華やかです。

材料（2人分）

A

- 合びき肉…500g
- 玉ねぎ…1/2個（みじん切り）
- 塩…小さじ1と1/2
- 胡椒…少々

ベーコン…6枚

B

- ゆで卵…3個（縦に2等分）
- にんじん…1/2本（スティック状）
- ピーマン…1個（短冊切り）

作り方

1 ボウルにAを入れて、よくこねる。

2 耐熱皿にベーコンが少し重なるようにずらして並べる。その上に1を半量敷き詰め、Bを並べる。その上に残りの1をかぶせる。上からベーコンでフタをする。

3 200度のオーブンで40分焼く。

4 常温で1時間置いてカットする。

アドバイス!

冷めてから切るのが、肉を崩さず美しい断面にするコツです。

“ヨーロッパ”をおうちで

EUROPE

フランスのコース料理やイタリアのピザ、ドイツのソーセージなど、ヨーロッパの食は日本でも馴染み深いですよね。しかし、日本で目にする西洋料理は、欧米各地の料理と必ずしも同じでなく日本人の好みに合せてつくられたものがほとんどです。

50ヵ国もあるヨーロッパの食の豊かさは、ひとくくりにはできません。見た目も、味も、こんな料理知らなかった！とあなたを驚かせること、間違いなしです。

今日はイタリア食堂！

イタリア

料理名

マグロとアボカドのバルサミコ酢サラダ

インサラータ・ディ・トンノ・エ・アヴォカード

マグロとアボカドは相性がよく日本でも食べますね。それをイタリア風にオイルとバルサミコ酢で味つけ。パンやワイン、意外にごはんとも合います。

30 min

材料（2人分）

マグロ（赤身）…100g（サイコロ大）
青ねぎ…1本（小口切り）
アボカド…1個（サイコロ大）
オリーブオイル…大さじ2
しょうゆ…小さじ1
バルサミコ酢…大さじ3
塩…小さじ1/2
胡椒…少々

作り方

1 ボウルに材料をすべて入れて、混ぜ合わせる。

2 器に盛り付け、オリーブオイルを回しかける（分量外）。

アボカドを買うときは、少し押して柔らかい、食べごろのものを選びましょう。

036／196

サンマリノ

料理名

鶏肉のチーズ焼き

ポッロ・アッラ・パルミジャーナ

鶏肉、チーズ、トマトをこんがり焼いた、香りも味わいも素晴らしい料理。口の中がジューシーでいっぱい、たまりません。

10 min

材料（2人分）

鶏もも肉…1枚（2等分）
塩・胡椒…少々
小麦粉…適量
溶き卵…1個分
オリーブオイル…大さじ3
トマト…1/2個（薄切り）
パルメザンチーズ…40g

作り方

1 鶏肉に塩・胡椒を振り、小麦粉をまぶし、溶き卵にくぐらせる。

2 フライパンに油を熱し、強火で1を表裏に焼き色が付くまで焼く。

3 2を耐熱皿に移し、トマト、チーズをのせ、230度のオーブンで10分焼く。

鶏肉を豚肉やタラなどの白身魚にしても美味しくできるのでお試しあれ。

037／196

キプロス

料理名 カラマリア・ゲミスタ

地中海のイカめし

60 min

ちょっとオシャレに食べるヨーロッパのイカめし。
トマトと赤ワインで煮込んでいます。
詰めたごはんはシナモンが隠し味です。

材料（2人分）

イカ…2杯

A
玉ねぎ…1/2個（みじん切り）
米…100g（洗っておく）
シナモン…小さじ1/2
オリーブオイル（具材用）…大さじ3

B
トマトピューレ（市販）…1/2カップ（100cc）
水…1/4カップ（50cc）
塩…小さじ1/2　胡椒…少々

オリーブオイル…大さじ3
赤ワイン…1カップ（200cc）

作り方

1 イカのワタと骨を取り出し、ヌメリをよく洗う。足はみじん切りにする。

2 鍋に油を熱し、中火でイカの足とAを5分炒める。Bを加え、弱火で15分煮込む。

3 イカの胴に2を詰めて、つまようじでとめる。フライパンに油を熱し、中火で表裏に焼き色が付くまで焼く。

4 赤ワインを加え、一煮立ちさせる。アクを取り、弱火で30分煮込む。

アドバイス！ 煮込むとイカの身は締まり、お米は膨らむので、余裕をもって詰めること。

レーズン入れたい。
尊敬

アルメニア

料理名 アミチュ

ごはんを詰めた鶏肉のオーブン焼き

40 min

ごはんを鶏肉で巻いて焼き上げた贅沢な料理。
肉汁を吸い込んだごはんに到達したときの幸せ感！
たまにくるレーズンのおかげでバクバクいけます。

材料（2人分）

ごはん…お茶碗1杯分
バター…20g
鶏もも肉…2枚
レーズン…20g
塩・胡椒…少々

作り方

1 ごはんにバターを混ぜ、冷ます。
2 鶏肉を包丁で開いて5㎜の薄さにのばす。
3 2に1をのせて、塩・胡椒を振り、レーズンをのせる。鶏肉をくるくると巻き、タコ糸でしばる。
4 230度のオーブンで20分、こんがりと焼き色が付くまで焼く。

アドバイス！ 鶏肉に詰める材料は野菜やもち米にしても美味しいのでお試しあれ。

アイルランド

料理名 ギネスシチュー

大人のほろ苦 牛肉ギネス煮込み

60 min

真っ黒なギネスビールで煮込んだシチュー。
アイルランドはギネスビール発祥の地。
隠し味にプルーンがくずれて溶け込んでいます。

材料（2人分）

牛もも肉…300g（一口大）
小麦粉…適量　サラダ油…大さじ1

A
にんにく（みじん切り）…1/2かけ
玉ねぎ…1個（ざく切り）

B
セロリ…1本（乱切り）
にんじん…1/2本（乱切り）

C
プルーン…2個　カットトマト…1/2缶
ギネスビール…1/2カップ（100cc）
マスタード…大さじ1

作り方

1 牛肉に塩・胡椒を振り、小麦粉をまんべんなくつける。

2 フライパンに油を熱し、中火で1を焼き色が付くまで焼く。

3 別の鍋に油を熱し、Aをしんなりするまで炒める。1とBを加え、さらに野菜がしんなりするまで炒める。

4 Cを加え、弱火で30分煮込む。途中、水分が少なくなったら水(分量外)を足す。塩・胡椒（分量外）で味をととのえる。

アドバイス！
ビールの効果でお肉は柔らかく、ほろ苦うまいコクが大人の味です。

フランス

料理名

プーレ・ア・ラ・クレーム

お店の味の鶏肉クリーム煮込み

40 min

何を隠そう、わたしはもともとフレンチのコックです。というわけで、基本のクリームを使った料理をご紹介。お店の味を、パンやワインと楽しんでください。

材料（2人分）

- 鶏もも肉…1枚（一口大）
- 小麦粉…適量
- バター…大さじ1（12g）
- 白ワイン…50cc
- A 生クリーム…1カップ（200cc）
- A 塩・胡椒…少々
- じゃがいも（ゆで）…2個（乱切り）
- にんじん（ゆで）…1/2本（乱切り）

作り方

1 鶏肉に塩・胡椒を振り、小麦粉をまんべんなくつける。フライパンにバターを熱し、中火で焼き色が付くまで焼く。

2 鍋に1を移し、白ワインを加え、中火で水分が1/5ほどになるまで煮詰める。Aを加え、さらに弱火で15分煮込む。

3 ゆでたにんじん、じゃがいもと一緒に盛り付ける。

アドバイス！ 生クリームを入れてからは弱火に。煮詰めすぎると分離するので気をつけて。

スウェーデン

料理名

ヤンソン・フレステルセ

じゃがいもとアンチョビのグラタン

50 min

焼きあがったときの香りは悶絶もの。
生クリームのミルキーさにアンチョビの塩っ気。
美味しさがずーっと口の中に残ります。

材料（2人分）

A
- 牛乳…1カップ（200cc）
- 生クリーム…1/2カップ（100cc）
- 塩・胡椒…少々

- 玉ねぎ…1/2個（薄切り）
- バター…大さじ1（12g）
- じゃがいも…3個（拍子切り）
- アンチョビ…1缶（50g）

作り方

1 鍋にAを入れ、沸騰直前まで温める。

2 フライパンにバターを熱し、中火で玉ねぎをしんなりするまで炒める。

3 耐熱皿にじゃがいも（半量）を入れて、2とアンチョビをのせ、さらに残りのじゃがいもをのせ、1を注ぐ。

4 200度のオーブンで30分、焼き色が付くまで焼く。

アドバイス！
ホワイトソースをつくるまでもなく意外とかんたんなので、ぜひお試しを。

イギリス

料理名

羊飼いのパイ

シェパードパイ

切ると肉汁が溢れてくる、イギリスの伝統的なパイ。
実は、具材を重ねて焼くだけのかんたんな家庭料理です。
寒い時期のごちそうにどうぞ。

60 min

材料（2人分）

じゃがいも…3個

A
- バター（具材用）…大さじ2
- 塩・胡椒…少々

B
- 牛乳…1/2カップ（100cc）
- 生クリーム…1/4カップ（50cc）

C
- にんにく（みじん切り）…1かけ
- 玉ねぎ…1/2個（みじん切り）

バター…大さじ1（12g）

D
- 合いびき肉…400g
- タイム…少々

作り方

1 じゃがいもをゆで、マッシュする。Aを混ぜる。

2 Bを合わせ、鍋で煮立ちさせ、1とよく混ぜる。

3 フライパンにバターを熱し、中火でCをしんなりするまで炒める。Dを加え、色が変わるまで炒める。

4 耐熱皿に3を敷き詰め、2をのせ、200度のオーブンで30分焼く。

アドバイス！ 焼く前にフォークで表面を押して模様をつけてみて。おしゃれに仕上がります。

漁師って
天才！

スペイン

料理名 パエリア

漁師の豪快炊き込みごはん

60 min

魚介とトマトのダシをごはんがぜんぶ吸い取った、
スペインを代表するごちそうです。
見た目に比べて、レシピはとてもかんたんなので、
おもてなし料理や誕生日の料理にぜひ。

材料（2人分）

A
ブイヨン…360cc　サフラン…ひとつまみ
パプリカパウダー…小さじ1　塩・胡椒…少々
アサリ…12個　イカ…1杯（輪切り）
有頭海老…6尾（皮をむく）

B
にんにく（みじん切り）…1かけ
パプリカ（赤、黄）…各1/2個（短冊切り）
ピーマン…1個（短冊切り）

オリーブオイル…大さじ3
米…1合（洗わない）
トマトソース（市販）…大さじ3

作り方

1 鍋にAを入れて、一煮立ちさせる。

2 フライパンに油を熱し、中火でBを色が変わるまで炒め、一度取り出す。

3 同じフライパンに1を加え、一煮立ちさせる。米を加え、弱火で混ぜながら煮る。水分の高さが米と同じくらいになったら火を止める。

4 2とトマトソースを加え、混ぜる。アルミホイルをかぶせ、弱火で15分炊く。

アドバイス！
漁師料理ですから、細かいことは気にせず豪快につくってみましょう。

044／196

料理から見える世界 4

パエリアは難しくない！

パエリアって難しそうな料理の代表みたいに言われますが、実はそんなことありません。もともとはどんな料理だったのでしょうか？

パエリアの始まりには諸説ありますが、地中海沿いのバレンシア地方でつくられはじめたそうです。バレンシアといえばオレンジ。そのオレンジ畑で食べるごはんとして、大きな鍋でいろんな食材とお米を炊いて食べていたそうです。その後、海辺の漁師や水夫に伝わり、シーフードパエリアが生まれたそう。スペイン国内では様々な種類のパエリアがありますが、魚介入りの方が旨味が強いせいか、世界的にはシーフードのイメージが強いですね。

つまりは手に入る食材をたくさん入れて炊く、というシンプルな料理がパエリアなんです。あまり神経質にかまえず豪快な味を楽しんでもらえたらと思います。

お昼休憩にもかかわらず、こころよくパエリアのつくり方を教えてくれたレストランのシェフ

スペインの街中で見かけたハモンセラーノという生ハム。たくさんの肉が天井からずらり

セルビア

料理名 ブレク

カッテージチーズのふわふわパイ焼き

30 min

春巻きの皮でチーズを挟んで焼いた料理。
朝食や軽食にぴったり。
噛んだ瞬間のチーズのジューシーさがたまりません。

材料（2人分）

A
卵…1個
カッテージチーズ…200g
クリームチーズ…100g
塩・胡椒…少々

春巻きの皮…2枚
溶かしバター…50g

作り方

1 ボウルにAを入れて、混ぜる。

2 耐熱皿に溶かしバターを塗り、春巻きの皮を敷き、1を広げる。その上にまた春巻きの皮をかぶせる。

3 皮の表面に溶かしバターを塗り、180度のオーブンで20分焼く。

アドバイス！ カッテージチーズは冷めても固くならず、美味しくいただけます。

オランダ

料理名

パンネンクーケン
厚焼きクレープでつくるもっちりピザ

60 min

クレープをピザの生地代わりにした料理。
いつものクレープより厚焼きでモッチモチ。
子どもの誕生日パーティーなどでぜひ。

材料（2人分）

A
- 卵…1個
- 強力粉…50g
- 薄力粉…50g
- ベーキングパウダー…小さじ1/4
- もち粉…30g
- 牛乳…1と1/2カップ（300cc）
- 塩…小さじ1

- サラダ油…大さじ1
- ロースハム…4枚分（5㎜幅）
- ミックスチーズ…200g

作り方

1 ボウルにAを入れて、ムラなく混ぜ、冷蔵庫で30分寝かす。

2 フライパンに油を熱し、中火で丸いクレープを焼く。（1/4ずつの分量で4枚）

3 2にハム、チーズをのせ、230度のオーブンで8分、焦げ目が付くまで焼く。

アドバイス！ 生地のもちもち感は、もち粉を加えるのがポイント！

ハンガリー

料理名

グヤーシュ

彩りあざやか 牛肉のパプリカ煮込み

50 min

パプリカ生産国のハンガリーではお味噌汁的な料理。ふんだんにパプリカを使った料理は見た目も鮮やか。お肉との相性もバッチリです。

材料（2人分）

A
- にんにく（みじん切り）…1かけ
- 玉ねぎ…1/2個（薄切り）

- オリーブオイル…大さじ1
- 牛もも肉…150g（角切り2㎝）

B
- クミン…小さじ1
- パプリカパウダー…大さじ1

C
- パプリカ（赤・黄）…各1/4個（細切り）
- ピーマン…1個（細切り）
- カットトマト…1缶

- 塩…小さじ1

作り方

1 フライパンで油を熱し、中火でAをしんなりするまで炒める。牛肉を加え、焼き色が付くまで炒める。

2 Bを加え、弱火で香りが出るまで炒める。

3 Cを加え、一煮立ちさせる。塩を加え、弱火で30分煮込む。（途中、水気が少なくなったら水（分量外）を足す）

アドバイス!

少し加えるだけで味わい深くなるパプリカ粉はハンガリーが生んだスパイス。

ポーランド

料理名 ビゴス

ソーセージのザワークラウト煮込み

40 min

酸味のあるキャベツの漬物ザワークラウトを使った煮込み。
本場では煮込んでは冷やしを繰り返し、
何日もかけてつくります。

材料（2人分）

A
- ソーセージ…4本（薄切り）
- ベーコン…2枚（5㎜）
- ザワークラウト（市販）…300g
- キャベツ…1/6個（短冊切り）
- 玉ねぎ…小さじ1/2個（薄切り）
- カットトマト…1/4缶
- りんご酢（あれば）…30cc（大さじ2）
- 水…1/2カップ（100cc）

- 塩…小さじ1
- 胡椒…少々

作り方

1 鍋にAを入れて、一煮立ちさせる。弱火にして30分煮込み、塩・胡椒で味をととのえる。

アドバイス! 保存食であるザワークラウトは、寒くて野菜がとれない地域の保存の知恵です。

トルクメニスタン

料理名 スズマ

塩ヨーグルトのディップ

049／196

35 min

塩で味付けした水切りヨーグルト。
餃子やお肉と一緒に食べて。

材料（2人分）

ヨーグルト…500g
塩…小さじ1

作り方

1 ざるの上にキッチンペーパーを敷き、ヨーグルトを入れて、30分水気を切る。

2 ボウルに1と塩を入れて、混ぜる。

ブルガリア

料理名 タラトル

冷たいヨーグルトスープ

050／196

15 min

ヨーグルトの国の美味しい食べ方。
スノーホワイトサラダとも呼ばれる。

材料（2人分）

A
きゅうり…1本（千切り）
にんにく（おろし）…小さじ1/4
クルミ…30g（みじん切り）
ヨーグルト…1カップ（200g）
冷水…1/2カップ（100cc）
塩…小さじ1/2

ディル（パセリ）…適量
オリーブオイル…大さじ2

作り方

1 ボウルにAを入れて、よく混ぜる。

2 器に盛り付け、ディルを飾り、オリーブオイルを回しかける。

焦げ目がおいしそう

アイスランド

料理名 フィッシュボール

タラと玉ねぎのすり身焼き

051／196

20 min

魚でハンバーグをつくったような、北欧料理。ほくほく、ふわふわ。

材料（2人分）

タラ…2切れ

A
卵…1/2個
玉ねぎ…1/2個
牛乳…1/4カップ（50cc）
小麦粉…大さじ3
塩…小さじ1/2
胡椒…少々

バター…大さじ1（12g）

作り方

1 Aをフードプロセッサーにかけて、すり身にし、6等分して丸める。

2 フライパンにバターを熱し、強火で1を表裏に焦げ色が付くまで焼く。

ひと手間かければこの旨さ

ルーマニア

料理名 サラタ・デ・ヴィネテ

焼きなすのカナッペ

052／196

15 min

焼きなすでつくったペースト。冷たくして、バゲットと一緒に。

材料（2人分）

なす…1本

A
玉ねぎ…1/4（みじん切り）
マヨネーズ…小さじ1
レモン汁…小さじ1
オリーブオイル…大さじ3
塩・胡椒…少々

バゲット…4枚（1.5cm幅）

作り方

1 魚焼きグリルで、なすを皮のまま焼く。真っ黒になるまで焦げ目をつける。

2 皮をむき、粗熱をとったら、包丁でたたいて細かくミンチ状にする。

3 ボウルに2を入れて、Aを加え、よく混ぜる。バゲットの上に盛り付ける。

エストニア

料理名
ビーフ・ウィズ・グレービー

贅沢! 牛肉のベーコン巻き

30 min

にんじんの牛肉巻きをさらにベーコンで巻いたもの。
肉汁がしたたる、肉好きにはたまらない一品です。
味も濃いめで、お弁当に入れても喜ばれます。

材料（2人分）

- 牛薄切り肉…80g（4等分）
- ベーコン…4枚
- にんじん（巻き用）…1/2本（細切り16本）
- A
  - 玉ねぎ…1/4個分（みじん切り）
  - にんじん…1/4本（みじん切り）
- バター…大さじ2（24g）
- 塩…小さじ1/2
- 胡椒…少々

作り方

1 にんじんを4本ずつ牛肉で巻く。さらに上からベーコンで巻き、つまようじでとめる。

2 フライパンにバターを熱し、中火でAをしんなりするまで炒める。塩・胡椒で味をととのえる。

3 別のフライパンを熱し、中火で1を表裏10分ずつ焼く。2のソースをかける。

アドバイス! ソースに生クリームを加えると、さらにコクが出て美味しくなりますよ。

リトアニア

料理名

ツェペリナイ

ミートボール入りじゃがいも餅

50 min

リトアニアでもっとも有名なのがこの料理。じゃがいも餅は不思議な見た目ですが、一度食べたらクセになるもっちり食感です。

材料（2人分）

じゃがいも…3個（すりおろし）
じゃがいも…1個（マッシュ）
片栗粉…大さじ3

A
合びき肉…250g
玉ねぎ…1/2個（みじん切り）
塩…小さじ1/2
胡椒…少々

B
ベーコン…50g（5㎜幅）
玉ねぎ…1/2個（みじん切り）

C
サワークリーム…1/2カップ（100㏄）
塩…小さじ1/2
胡椒…少々

作り方

1 すりおろしたじゃがいもをふきんで包み、絞る。しぼり汁は水気だけを捨てて、沈殿したでんぷんは残す。ボウルにマッシュしたじゃがいも、絞ったじゃがいもとでんぷんを入れ、片栗粉を加え、よく混ぜる。

2 別のボウルにAを入れ、こねる。

3 1と2を8等分し、1で2をラグビーボール型に包み込む。それを弱火で20分ゆでる。水気を切って盛り付ける。

4 Bを別の鍋に入れ、中火で香りが出るまで炒める。Cを加え、サワークリームが溶けたら火を止め、4にかける。

アドバイス！
じゃがいも餅の生地は「耳たぶより少しかたいくらい」が目安です。

大人のおやつ

チェコ

料理名

ブランボラーク
ビールの国のじゃがいもお好み焼き

30 min

じゃがいも生地でソーセージとザワークラウトをサンド。
ビールが有名なチェコらしい料理です。
子どもはお昼に、大人は夜のお酒がすすみます。

材料（2人分）

じゃがいも…3個
A
卵…1/2個
にんにく（おろし）…小さじ1/2
マジョラム（あれば）…小さじ1
小麦粉…大さじ3
塩…小さじ1/2個
胡椒…少々
バター…大さじ1（12g）
ソーセージ…4本（ゆで）
ザワークラウト（市販）…200g

作り方

1 じゃがいもをすりおろし、Aを混ぜる。
2 フライパンにバターを熱し、弱火で1を表裏10分ずつ、きつね色になるまで焼く。（半量ずつ丸く広げる）
3 皿に2とソーセージ、ザワークラウトを盛り付ける。

アドバイス！

じゃがいもの生地は焦げやすいので、弱火でじっくりと焼き上げるのがコツ。

オーストリア

料理名

パラチンケン・ミト・フーン

鶏肉と野菜のクレープグラタン

110 min

クレープのような皮に野菜やお肉が隠れた包み焼き。野菜が蒸され、甘みが引き出されています。中の具材は秘密にして、食卓に出して楽しみましょう。

材料（2人分）

卵…1個　薄力粉…100g
牛乳…1と1/4カップ（250cc）
塩…小さじ1　胡椒…少々
サラダ油…大さじ1　玉ねぎ…1/4個（薄切り）
A 鶏むね肉…200g（細切り1cm）
にんじん…1/4本（いちょう切り）
ブロッコリー（ゆで）…100g（一口大）
バター…20g　塩・胡椒…少々
ミックスチーズ…300g

作り方

1 皮をつくる。ボウルに卵を入れ、泡立て器で混ぜる。薄力粉を加え、牛乳を混ぜながら足す。塩・胡椒を加え冷蔵庫で1時間寝かす。

2 フライパンに油を熱し、1を広げる。弱火で表面が乾くまで焼き、裏返して焼き色が付くまで焼く。

3 具をつくる。フライパンにバターを熱し、中火で玉ねぎをしんなりするまで炒める。Aを加え、火が通るまで炒める。ブロッコリーを加え、塩・胡椒を振り、さっと炒める。

4 皮の半分に具材をのせて、折り包む。上にチーズをのせ、230度のオーブンで10分焼く。

アドバイス！ クレープはおたま1杯分が1枚です。

ノルウェー

料理名

サーモンソテー

サーモンのバターソテー

15 min

一口食べると、あとからバターの風味が追いかけてくる
ノルウェーが誇る素晴らしい鮭料理。
おしゃれな料理ですが、ごはんにのせたくなる味です。

材料（2人分）

- サーモン…2切れ
- 塩・胡椒…適量
- 小麦粉…適量
- バター…大さじ3（36g）
- A ディル（パセリ）…2枝（みじん切り）
- A 塩…小さじ1/2

作り方

1 サーモンに塩・胡椒を振り、小麦粉をまんべんなくまぶす。

2 フライパンにバターを熱し、中火で1を表裏5分ずつ、こんがり焼く。

3 Aを加えて、からめる。

アドバイス！ バターは焦げはじめがいちばん香りがいいので、溶かすタイミングに注意して。

ありそうでない味

ルクセンブルク

料理名

サーモン・トラウト・ソース・ブール・アマンド

サーモンソテー アーモンドバターソース

30 min

アーモンドと焦がしバターのソースで食べる鮭料理。
香ばしい匂いが食欲をそそります。
日本人に身近な魚である鮭が華やかに変身します。

材料（2人分）

スライスアーモンド…30g
サーモン…2切れ
小麦粉…適量
塩・胡椒…少々
バター…大さじ1（12g）
レモン汁…大さじ1
バター（ソース用）…80g
パセリ…少々（みじん切り）

作り方

1 フライパンを熱し、弱火でアーモンドを色が変わるまで炒め、一度取り出す。

2 サーモンに塩・胡椒を振り、小麦粉をまんべんなくつける。

3 フライパンにバターを熱し、中火で2を表裏5分ずつ焼く。

4 別の鍋にバター（ソース用）を熱し、中火で温める。焦げはじめるまで加熱したらレモン汁を加え、火を止める。パセリと1を加える。

アドバイス！ 春から夏にかけて、よく脂がのった鮭でつくると格別の美味しさです。

わいわい
つついて♪

ジョージア

料理名 オジャクリ

パクチーをのせたジャーマンポテト

25 min

「ジョージア風ジャーマンポテト」と言われる
豚肉と野菜とポテトの炒めもの。
フライドポテトが味を吸って美味しい。
ワインビネガーでさっぱり食べられる味です。

材料（2人分）

じゃがいも…2個（2cm幅）
豚ロース肉（カツ用）…2枚（一口大にカット）
サラダ油…大さじ2
玉ねぎ…1/2個（薄切り）
A パプリカ（赤・黄）…各1/4個（薄切り）
ピーマン…1/2個（薄切り）
ワインビネガー…30cc（大さじ2）
塩・胡椒…少々
パクチー…1束（ざく切り3cm）

作り方

1 フライドポテトをつくる。じゃがいもを180度の油で7分揚げる。
2 フライパンに油を熱し、中火で豚肉を5分焼く。玉ねぎを加え、中火でしんなりするまで炒める。
3 Aと1を加え、中火で5分炒める。皿に盛り付け、パクチーを飾る。

アドバイス！ じゃがいもは切ってから水にさらし、水気を拭いて揚げると上手にできます。

059／196

料理から見える世界 5

食通たちが好むジョージア料理

ヨーロッパの黒海沿いにある国、ジョージア。もともとは日本ではグルジアと呼ばれていましたが、2015年に英語読みのジョージアに変わりました。

日本では「どこにあるの？」という感じであまり知られていない国ですが、食通の間では知る人ぞ知る国なんです。わたしの知人のシェフも「ジョージア料理は世界一美味しい」と言うほど。

ジョージアは北にロシア、西にヨーロッパ、南に中東、東にアジアという場所にあります。ユーラシア大陸の貿易の中継地として、様々なアイデアや香辛料などが集まったのでしょう。各地域の料理の良いところばかりを吸収して発展したのではないかと考えられます。

また、ワインやチーズの味も格別。特にワインはジョージアが発祥と言われていて、8000年のワイン造りの歴史は、その製法が世界遺産に登録されるほど。日本の和食とともに登録されたので、ご存知の方もいるかもしれません。ジョージアワインは日本ではあまり流通されていないだけに、希少価値が高く、ワイン好きには喜ばれる一品です。

ワインが料理を美味しくするのか、料理がワインを美味しくするのか、世界の食通を魅了してやまない国。食べることが好きならジョージアは一度は行ってほしい旅先です。

キルギス

料理名 シャシリク

鶏肉と野菜のゴロゴロ串焼き

50 min

ゴロゴロと具材が大きな串焼き料理。
鶏肉を漬け込んで焼くので、パサつかずジューシー。
おうちでお手軽にBBQ！

材料（2人分）

A
- 鶏もも肉…1枚（一口大）
- にんにく（おろし）…小さじ1
- 白ワイン…大さじ2
- オリーブオイル…大さじ2
- オレガノ…小さじ1/2
- タイム…小さじ1/2
- 塩・胡椒…少々

- 玉ねぎ…1個（くし切り）
- ピーマン…1個（短冊切）

作り方

1 ボウルにAを入れて、よく混ぜ、冷蔵庫で30分漬ける。

2 鉄串に鶏肉、玉ねぎ、ピーマンの順に刺し、230度のオーブンで15分、焼き色が付くまで焼く。

アドバイス！ キルギスの焼き鳥。具材は大きめに切るとじっくり火が通って美味しくなります。

ラトビア

料理名 ガリャス・コトレテス

東欧のハンバーグ サワークリーム添え

40 min

つくり方は洋食のハンバーグとほとんど一緒。
サワークリームをつけると
さっぱり、いっぱい食べられます。

材料（2人分）

A
- 合びき肉…300g
- 溶き卵…1/2個分
- 玉ねぎ…1/2個（みじん切り）
- にんにく（おろし）…小さじ1/2
- 塩…小さじ1
- 胡椒…少々

- オリーブオイル…大さじ1
- サワークリーム…1/2カップ（100cc）

作り方

1 ボウルにAを入れて、よくこねる。2等分して、丸くまとめる。

2 フライパンに油を熱し、1を強火で焼く。焼き色が付いたら裏返し、フタをして、ごく弱火で20分焼く。

3 皿に盛り付け、サワークリームを添える。

アドバイス！ 日本のハンバーグとは違ってソースはなく、サワークリームで食べることが多いです。

これ、風邪のときにつくって

ギリシャ

料理名

卵とレモンのスープ

コトスパ・アヴゴレモノ

100 min

アヴゴレモノとは、卵とレモンのこと。
珍しい組み合わせですが雑炊を思い出すやさしい味。
出来上がりはふわっとクリーミーです。

材料（2人分）

A
- 鶏もも肉…1枚
- 玉ねぎ…1/2個（薄切り）
- にんじん…1/2本（薄切り）
- 水…4カップ（800cc）

- 米…30g（洗っておく）
- 卵…1個

B
- レモン汁…大さじ1
- 塩…小さじ1

作り方

1 鍋にAを入れて、一煮立ちさせる。弱火で50分煮込んで、ざるでこし、出汁をとる。鶏肉は粗熱がとれたら細かく割く。にんじん、玉ねぎは取り出す。

2 1の出汁に鶏肉だけを戻し、米を加え、弱火で20分柔らかくなるまで煮込む。

3 ボウルに卵を溶き、2の出汁の1/4量を少しずつ混ぜながら加える。

4 2の鍋に3を少しずつ加える。すると、とろみがついてくるので、Bを加え、味をととのえる。

卵液に火を入れすぎると分離してしまうので、コツは火からおろして混ぜること。

アゼルバイジャン

料理名 ゴブルマ

羊肉とドライフルーツの煮込み

70 min

栗やプルーンの甘みがきいた煮込み料理。
まったりした味がクセになる、秋に食べたい味です。
とってもかんたんですが、おもてなしにぴったり。

材料（2人分）

- ドライプルーン…6個
- 羊肉（牛もも肉）…300g（一口大）
- A
  - 玉ねぎ…1個（薄切り）
  - ターメリック…大さじ2
- サラダ油…大さじ1
- B
  - 甘栗…6個
  - 水…1/2カップ（100cc）
  - 塩…小さじ1
  - 胡椒…少々

作り方

1. プルーンを倍の量の熱湯に30分浸す。
2. フライパンに油を熱し、中火で羊肉を焼き、焼き色が付いたら一度取り出す。
3. 同じフライパンにAを加え、中火でしんなりするまで炒める。
4. 1と2、Bを加え、弱火で30分煮込む。

アドバイス！ プルーンは鉄分が豊富で、貧血気味の方にもおすすめです。

きれいな
色だねー

ウクライナ

料理名 ボルシチ

ビーツと牛肉のぽかぽか煮込み

100 min

寒い国ならではの体が温まる煮込み料理。
ビーツの鮮やかな色合いは、
寒い日でも気持ちまで明るくしてくれます。

材料（2人分）

A
- 牛もも肉…80g
- 水…2と1/2カップ（500cc）

B
- キャベツ…1/8個（短冊切り）
- 玉ねぎ…1個（薄切り）
- にんじん…1/2本（いちょう切り）
- ビーツ（缶詰）…1/2缶（千切り）

- 塩…小さじ1
- 胡椒…少々

作り方

1 鍋にAを入れ、一煮立ちさせる。アクを取り、弱火で1時間ゆでる。牛肉は一度取り出し、一口大に切る。

2 ゆで汁に牛肉を戻し、Bを加え、中火で30分煮込む。塩・胡椒で味をととのえる。

アドバイス！

サワークリームを後入れでかけても、味の変化が楽しめますよ。

モルドバ

料理名

シュバ

ミルフィーユ仕立てのポテトサラダ

30 min

具材を型に重ねてつくる、華やかなポテトサラダ。
おしゃれで、味はもちろん美味しいので、
持ち寄りパーティーなどでつくりたくなる料理です。

材料（2人分）

A
- じゃがいも…2個（短冊切り）
- にんじん…1/2個（短冊切り）

- 玉ねぎ…1/2個（みじん切り）
- ビーツ（缶詰）…50g（粗みじん切り）
- アンチョビペースト…10g
- ゆで卵…1個（みじん切り）
- パセリ…小さじ1（みじん切り）
- マヨネーズ…50g

作り方

1 中火でAを5分ほどゆで、それぞれ粗みじん切りする。

2 底が抜ける丸いケーキ型の底に、じゃがいも→マヨネーズ→にんじん→マヨネーズ→じゃがいも→玉ねぎ→アンチョビ→マヨネーズ→ビーツ→ゆで卵→パセリの順で、薄く塗り重ねる。

アドバイス！ みじん切りが多少手間ですが、美しく仕上がれば達成感もひとしおです。

こりゃ
ビールだね

クロアチア

料理名 チェヴァプチッチ

クロアチア風 手づくりソーセージ

30 min

皮に詰めなくてもつくれるお手軽なソーセージ。
溢れる肉汁とこんがり香ばしいスパイスの味で、
ビールがグイグイすすみます。

材料（2人分）

合びき肉…200g
パプリカパウダー…小さじ1
塩…小さじ1/2
胡椒…少々

作り方

1 ボウルに材料をすべて入れ、よくこねる。長さ7cmぐらいの棒状にする。

2 フライパンに油を熱し、フタをして弱火で表裏10分ずつ焼く。

アドバイス！ あれば羊ひき肉を半量混ぜてつくれば現地の味です。

066／196

スロベニア

料理名 プラージェンクロンピール

じゃがいもと玉ねぎの香ばしい炒めもの

40 min

手軽につくれるのに、味わい深いじゃがいも料理。
玉ねぎの甘みもきいています。
現地では肉料理や煮込み料理と一緒に食べます。

材料（2人分）

じゃがいも（ゆで）…2個
玉ねぎ…1個（みじん切り）
バター…大さじ1（12g）
塩…小さじ1
胡椒…少々

作り方

1 フライパンにバターを熱し、玉ねぎを茶色になるまで炒める。

2 じゃがいもを加え、塩・胡椒を振り、つぶしながら炒める。

アドバイス！ ゆでたじゃがいもに玉ねぎを加えて炒め、塩・胡椒をするだけ。でも美味しい。

067／196

ボスニア・ヘルツェゴビナ

料理名 ボサンスキ・ロナッツ

ヨーロッパの肉じゃが

068／196

160 min

肉じゃがのような、
ボスニアの郷土料理です。

材料（2人分）

A
牛もも肉
…200g（一口大）
水…2と1/2カップ（500cc）

B
じゃがいも…1個（角切り）
玉ねぎ…1個（くし切り）
にんじん…1/2本（角切り）
カットトマト…1/2缶

塩…小さじ1
胡椒…少々

作り方

1 鍋にAを入れて、一煮立ちさせる。アクを取り、弱火で2時間ゆでる。牛肉を取り出し、粗熱をとってから一口大に切る。

2 ゆで汁に牛肉を戻し、Bを加え、一煮立ちさせる。塩・胡椒で味をととのえ、弱火で30分煮込む。

スロバキア

料理名 ベルケルト

鶏肉とパプリカの クリーム煮込み

069／196

40 min

濃厚なクリーム煮が
ワインを誘います。

材料（2人分）

玉ねぎ…1/2個（薄切り）
パプリカパウダー…大さじ2
オリーブオイル…大さじ1

A
鶏もも肉
…1と1/2枚（一口大）
パプリカ…1/2個（細切り）
生クリーム
…1/4カップ（50cc）

B
水…1/4カップ（50cc）
塩…小さじ1
胡椒…少々

作り方

1 鍋に油を熱し、中火で玉ねぎをしんなりするまで炒める。パプリカパウダーを加え、さらに2分炒める。

2 Aを加え、中火で5分炒める。

3 Bを加え、弱火で20分煮込む。塩・胡椒で味を整える。

マケドニア

料理名 ブレスカヴィッツァ

バルカン半島の チーズ入りハンバーグ

070／196

30 min

美味しいハンバーグの中に
とろっとチーズが隠れています。

材料（2人分）

A
- 合びき肉…400g
- 玉ねぎ…1/4個（みじん切り）
- 塩…小さじ1
- 胡椒…少々

ナチュラルチーズ…60g（角切り1cm）

作り方

1 ボウルにAを入れて、よくこねる。2等分し、中にチーズを入れ込み、木の葉型にととのえる。

2 フライパンに油を熱し、強火で1を焼く。焼き色が付いたら裏返して、弱火で10分焼く。

アンドラ

料理名 トリンチャット

キャベツとベーコンが 入ったマッシュポテト

071／196

30 min

マッシュポテトにゆでキャベツを
合わせたサラダ。

材料（2人分）

じゃがいも（ゆで）…2個

キャベツ（ゆで）…100g（ざく切り）

A
- にんにく…1/2かけ
- ベーコン…50g（短冊切り）

オリーブオイル…小さじ1

塩…小さじ1

胡椒…少々

プチトマト…2個（4等分）

作り方

1 じゃがいもをマッシュする。

2 フライパンに油を熱し、中火でAをにんにくの香りが出るまで炒める。1とキャベツを加え、塩・胡椒を振り、水気がなくなるまで炒める。

3 皿に盛り付け、プチトマトを飾る。

カザフスタン

料理名

ラグメン

羊肉と野菜ソースかけうどん

50 min

どこかパスタのような太麺とトマトソースの料理。
中国からヨーロッパへ、
「麺」が伝わる過程が見えるようです。

材料（2人分）

A
- にんにく（おろし）… 小さじ1/2
- しょうが（おろし）… 小さじ1/2
- 玉ねぎ … 1/2個（薄切り）
- パプリカ3種（赤、黄、オレンジ）… 各1/2個（短冊切り）

- サラダ油 … 大さじ1
- 羊肉（牛もも肉）… 200g（細切り）

B
- カットトマト … 1/2缶
- クミン … 小さじ1
- 塩 … 小さじ1/2
- 胡椒 … 少々

- うどん … 2玉

作り方

1 フライパンに油を熱し、中火でAをしんなりするまで炒める。羊肉を加え、さらに5分炒める。

2 Bを加え、弱火で30分煮込む。

3 うどんをゆで、2のソースをかける。

アドバイス！ 生のうどんやきしめんがおすすめ。ソースとよくからめて食べて。

ドレッシング
いらないね

タジキスタン

料理名 シャカロ

塩とレモンの手もみサラダ

5 min

細切りにした野菜に塩とレモン汁。
手でしっかり揉み込むと、染み出た水分そのものが
極上のドレッシングになります。

材料（2人分）

A
- きゅうり…1本（輪切り）
- 玉ねぎ…1/2個（薄切り）
- トマト…1個（細切り5㎜）
- パプリカ（黄）…1/2個（薄切り）

- 塩…小さじ1
- レモン汁…小さじ1
- ドライパセリ…小さじ1

作り方

1 ボウルにAを入れて、塩を振り、野菜の水分が出てくるまで、手で20秒ほどしっかり揉み込む。

2 レモン汁を加え、和える。パセリ（あれば生のもの）をちらす。

アドバイス！ 野菜は塩を振って揉み込むと、旨みがドレッシングのように出てきます。

ベラルーシ

料理名 マチャンカ

豚肉のサワークリーム煮込み

40 min

酸味と旨みのバランスがとれた、
サワークリームの煮込み料理。
まるでチーズで煮込んだような味わいです。

材料（2人分）

豚ロース肉（カツ用）…2枚
バター…大さじ1（12g）
玉ねぎ…1/2個（薄切り）
サワークリーム…1/2カップ（100cc）
小麦粉…大さじ1
塩・胡椒…少々

作り方

1 フライパンにバターを熱し、中火で豚肉を表裏5分ずつ焼く。玉ねぎを加え、しんなりするまで炒める。小麦粉を加え、からめる。

2 弱火にして、サワークリームを加え、塩・胡椒で味をととのえ、20分煮込む。

アドバイス！ サワークリームは、水切りヨーグルトにレモン汁少々を加え、代用できます。

二日酔いのあとに食べたい

ポルトガル

料理名

カルド・ヴェルデ

じゃがいもをすりおろしサラミを浮かべたスープ

40 min

じゃがいもをミキサーにかけてつくる温かいスープ。
やさしいとろみと味わいが体に染み渡ります。
ちょっぴり辛いチョリソーが味のアクセントです。

材料（2人分）

A
- にんにく（薄切り）…1/2かけ
- 玉ねぎ…1/4個（薄切り）
- オリーブオイル…大さじ3

B
- じゃがいも…2個（輪切り）
- ブイヨン…2カップ（400cc）
- 塩・胡椒…少々

- ケール…50g
- チョリソー…2枚（薄切り）

作り方

1 鍋に油を熱し、中火でAをしんなりするまで炒める。

2 Bを加え、中火でじゃがいもが柔らかくなるまで煮込む。

3 2を火からおろし、粗熱がとれたらミキサーにかけてなめらかにする。鍋に戻し、ケールを加え、中火で5分煮る。

4 器に盛り付け、チョリソーを浮かべ、オリーブオイル（分量外）を回しかける。

アドバイス！ シンプルなスープなので、丁寧に調理をすればするほど美味しくなります。

フィンランド

料理名 ロヒ・ピーラッカ

鮭とごはんのパイ包み焼き

70 min

見た目のとおり、鮭ごはんのパイ包み焼き。
日本人からすると驚きの組み合わせですが、
バターライスの甘みが鮭にもパイにも合うんです。

材料（2人分）

ごはん…茶碗1杯分
バター…20g
サーモン（塩鮭）…2切れ
オリーブオイル…大さじ1
塩・胡椒…少々
冷凍パイシート…400g
溶き卵…1個分

作り方

1 バターライスをつくる。ごはんにバターを混ぜ、冷ましておく。

2 サーモンの皮と骨を取り除き、塩・胡椒を振る。フライパンに油を熱し、中火でサーモンを表裏5分ずつ焼く。

3 パイシートを麺棒で5㎜に伸ばし、2枚に切る。1枚にサーモンとバターライスをのせて上からもう1枚を被せて包む。

4 パイに溶き卵を塗り、200度のオーブンで40分焼く。

アドバイス!
お米を野菜として扱う国ならではの発想。バターと鮭はベストな組み合わせ。

郵便はがき

料金受取人払郵便

明石局
承　認

6135

差出有効期間
令和９年５月
31日まで

（切手不要）

6 7 3-8 7 9 0

兵庫県明石市桜町２-22-101

ライツ社　行

ご住所　〒 TEL		
お名前（フリガナ）	年齢	性別
PCメールアドレス		
ご職業	お買い上げ書店名	

ご記入いただいた個人情報は、当該業務の委託に必要な範囲で委託先に提供する場合や、関係法令により認められる場合などを除き、お客様に事前に了承なく第三者に提供することはありません。

弊社の新刊情報やキャンペーン情報などをご記入いただいたメールアドレスにお知らせしてもよろしいですか？

YES　・　NO

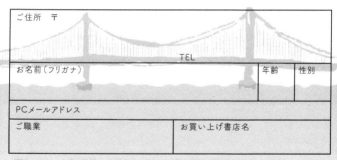

○お買い上げいただいた本のタイトルを教えてください

○この本についてのご意見・ご感想をお書きください

ご協力ありがとうございました

お寄せいただいたご感想は、弊社HPやSNS、そのた販促活動に使わせていただく
場合がございます。あらかじめご了承ください。

.write
right
light

海とタコと本のまち「明石」の出版社
2016年9月7日創業

ライツ社は、「書く力で、まっすぐに、照らす」を合言葉に、
心を明るくできる本を出版していきます。
新刊情報や活動内容をTwitter、Facebook,note,各種SNSにて
更新しておりますので、よろしければフォローくださいませ。

マルタ

料理名

ブラジオリ

ミートボールの牛肉巻きトマト煮込み

80 min

ロールキャベツのキャベツを肉に変えたような、
男の子が喜ぶ料理です。
大人は赤ワインがほしくなります。

材料（2人分）

A
- にんにく（みじん切り）…小さじ1/2
- 玉ねぎ…1/2個（みじん切り）
- オリーブオイル…大さじ3

B
- カットトマト…1缶
- オレガノ…小さじ1/2　塩…小さじ1

C
- 合びき肉…300g
- 玉ねぎ…1/4個（みじん切り）
- 溶き卵…1/2個分　パン粉…20g
- ナツメグ…小さじ1/4
- 塩…小さじ1/2　胡椒…小さじ1/2

牛薄切り肉…200g　オリーブオイル…大さじ2

作り方

1 トマトソースをつくる。鍋に油を熱し、中火でAをしんなりするまで炒める。Bを加え、一煮立ちさせ、弱火で30分煮込む。

2 ミートボールをつくる。ボウルにCを入れて、よく混ぜる。4等分し、牛肉を巻き付ける。フライパンに油を熱し、転がしながら焼き色を付ける。（中まで火が通っていなくてもOK）

3 1に2を加え、さらに弱火で20分煮込む。

アドバイス！ 牛肉がうまく巻けないときは、つまようじでとめてもいいですよ。

あまずっぱ〜い

バチカン

料理名

豚ロースのステーキ バルサミコソース

アリスタ・ディ・マイアーレ・アル アチェート・バルサミコ

20 min

あまずっぱいバルサミコソースは食欲がわき、豚肉もペロリと食べてしまう不思議なソース。生姜焼きなどに飽きたら、ぜひお試しを。

材料（2人分）

豚ロース肉…2枚
塩・胡椒…少々
オリーブオイル…大さじ3
A 赤ワイン…1/4カップ（50cc）
しょうゆ…大さじ1と小さじ1（20cc）
バルサミコ酢…1/4カップ（50cc）

作り方

1 豚肉の筋を切り、塩・胡椒を振る。
2 フライパンに油を熱し、強火で1を表裏に焼き色が付くまで焼く。
3 別の鍋にAを入れ、弱火でとろりとするまで5分ほど煮詰める。2にかける。

アドバイス！ バルサミコソースは強火で煮詰めると焦げやすいので、必ず弱火で。

078／196

料理から見える世界 6

時期によって、食べるものが変わる国？

イタリアに囲まれた、東京ディズニーランドよりも狭い国、バチカン市国。国土すべてが世界遺産に登録されています。庭園や建物は美しくてうっとりしてしまうほど。

国の中心に世界最大級の教会、サン・ピエトロ大聖堂があり、その中にローマ法皇がいます。教会のために国があるような特殊な土地ですが、バチカンの料理はどんなものでしょうか？

実は国内に独自の伝統的な料理があるかと言われると、そうではありません。ローマ法皇が食べる料理は、その代のローマ法皇によって変わるからです。

なぜならローマ法王は世界中のカトリック教徒の中から選出される職位なので、アルゼンチンやドイツの方が職位に着くことがあります。そうすれば、当然アルゼンチン料理やドイツ料理が食べられるわけです。時期によって食べられている料理が変わるなんて不思議ですね。

ちなみに、バチカン市国にはレストランもあります。そこでは何が提供されているのでしょうか？ 気になってイタリアに住む友人に確認してもらったところ、レストランではみんな当たり前のようにイタリアンを食べていたそうです。というわけで今回は一般的なレストランでも食べられている、イタリアのステーキを選んでみました。

まさに
エビクリーム
コロッケ

ベルギー

料理名

海老のチーズコロッケ

シュリンプ・クロケット

60 min

エビクリームコロッケにチーズが入ったような料理。
熱々を食べるとチーズが糸を引きます。
揚げ物、チーズ、エビが合わされば、ビールがほしい。

材料（2人分）

バター（ソース用）…30g
薄力粉…30g（ふるいにかける）
牛乳…1カップ（200cc）

A
小海老　60g
玉ねぎ…1/4個（みじん切り）
バター（具材用）…小さじ1（4g）

B
溶けるチーズ…30g
塩…小さじ1/2

C
小麦粉…適量　溶き卵…1個分
パン粉…適量

作り方

1 ソースをつくる。鍋にバターを熱し、薄力粉を入れて、弱火で5分焦がさないように炒める。牛乳を少しずつ混ぜながら加える。

2 別の鍋にバターを熱し、強火でAを火が通るまで炒め、1とBを加え、弱火で5分煮詰める。バットに移し、30分ほど置き、完全に冷やす。

3 2を6等分し、丸めて、Cを順につける。180度の油で7分、カラリと揚げる。

アドバイス！
ホワイトソースはかために、がコツ。丸めやすく、揚げたときも破裂しにくい。

アルバニア

料理名 チフチ

ミントとチーズのライスコロッケ

15 min

ミント、チーズ、お米を丸めて揚げた料理。
チーズの濃厚さの中にミントがさわやかに香ります。
日本人には馴染みのない味ですが、美味しいです。

材料（2人分）

A
- ごはん…1合分（あたたかいもの）
- ミント…4枚（みじん切り）
- パルメザンチーズ…大さじ3

小麦粉…適量
溶き卵…1個分
パン粉…適量

作り方

1 ボウルにAを入れて、よく混ぜる。
2 6等分し、ピンポン玉の大きさに丸める。
3 2を小麦粉、溶き卵、パン粉の順につけて、180度の油で5分ほどカラリと揚げる。

アドバイス！ おにぎりと一緒で、ごはんは温かいものでないと、まとまらないので注意！

40 min

トウモロコシの粉を使った団子のスープ。

材料（2人分）

A
- コーンミール…50g
- 薄力粉…50g
- 水…70cc

B
- オクラ…4本（輪切り）
- 玉ねぎ…1/2個（薄切り）
- カットトマト…1/4缶
- ブイヨン…1カップ（200cc）
- 塩…小さじ1/2
- 胡椒…少々

作り方

1 ボウルにAを入れて、よくこねる。6等分し、平たい小判型の団子にする。

2 鍋にBを入れて、一煮立ちさせる。

3 1の団子を加え、弱火で30分煮込む。

リヒテンシュタイン

料理名 ハファラーブ

コーンミールの団子スープ

081—196

50 min

シルクロードの中心で食べられる炊き込みごはん。

材料（2人分）

A
- 羊肉（牛もも肉）…100g（一口大）
- にんじん…1/2本（さいの目切り）

- サラダ油…大さじ3
- タイ米（日本米）…1合
- 水…210cc
- 塩…小さじ1/2
- 胡椒…少々

作り方

1 土鍋に油を熱し、Aを入れて、中火で5分炒める。タイ米を加え、さらに5分炒める。

2 水を加え、沸騰するまでかき混ぜながら煮る。塩・胡椒を加え、フタをして弱火で15分炊く。

3 火を止め、15分蒸らし、鍋底からかき混ぜる。

ウズベキスタン

料理名 サマルカンド・ポロ

羊肉とにんじんのピラフ

082—196

ライツ社のおすすめ本

新刊やいまの季節におすすめしたい本です。

毎日読みたい 365日の広告コピー

著：WRITES PUBLISHING
本体：1,850円＋税　ISBN：978-4-909044-09-9

365日その日にぴったりの広告コピーを並べて見たら、大切なことを思い出せる名言集ができました。日テレ「シューイチ」にて、カズレーザーさん推しの1冊として紹介。

リュウジ式 悪魔のレシピ

著：リュウジ
本体：1,300円＋税　ISBN：978-4-909044-23-5

料理レシピ本大賞受賞！ひと口で人間をダメにするほどおいしい料理を、最短で作れるレシピ本。しかも、掲載レシピの半数は低糖質！

HEROES Special Edition（ヨシダナギ BEST 作品集）

著：ヨシダナギ
本体：15,000円＋税　ISBN：978-4-909044-41-9

TBS クレイジージャーニーに出演して話題沸騰！世界中のヒーロー（少数民族）を撮影し続けるフォトグラファー・ヨシダナギの集大成となる一冊。

認知症世界の歩き方

著：筧 裕介　監修：認知症未来共創ハブほか
本体：1,900円＋税　ISBN：978-4-909044-32-7

NHK E テレで番組化！なかなか理解してもらえずに困っていた「認知症のある方が実際に見ている世界」がスケッチと旅行記の形式で、すごーくわかる！

これから出版予定の本

どうぞ楽しみにしていてください。

放課後ミステリクラブ　7音楽室のゆうれいとおどるがいこつ事件（仮）

著：知念 実希人

児童書初の本屋大賞ノミネートシリーズ！親子で楽しめる本格ミステリ第7巻。学校で起こるふしぎな事件！

自分のために本をつくる（仮）

著：藤原印刷

商業出版でもなく自費出版でもない。新しい潮流「クラフトプレス」を掲げる印刷会社が「本をつくる」という行為のおもしろさを語る。

72時間サバイバル防災ガイド（仮）

著：72時間サバイバル教育協会

災害時、子どもは親といっしょにいるわけじゃない。災害発生から72時間を子どもの力で生き延びる知恵をまとめた防災ガイド。

Letter vol.23

このおたよりは2024年5月21日に書いています。ライツ社が初めて出した『放課後ミステリクラブ1』（作・知念実希人 絵・Gurin.）が、児童書として史上初、本屋大賞にノミネートされました。発売から1年、1巻は8万部、シリーズ累計で15万部を突破。かわいい絵や感想が書かれた読者ハガキが毎日のように届きます。そこには、「本はあんまりすきじゃなかったけど、この本をよんですきになりました」といった言葉が並んでいます。メディアからの取材で知念さんが言っていました。「“いま本を好きな人”だけでなく“これから本を好きになる人”のために、書店員さんはこの本を選んでくださったんだと思う」と。こんなにも多くの子どもたちに届いたのは、この本の価値を信じて店頭に並べてくれた多くの書店員さんがいたからです。こんなに素敵な物語の一役を、明石にある社員数わずか6人の出版社が担わせていただけたことに、改めて感謝します。『放課後ミステリクラブ』は、書店員さんがいたからこそ作れた、届けられた本です。本当に本当に、ありがとうございました。

ライツ社の日々の活動や本の案内は、弊社 note でお知らせいたします。
「ライツ社　note」と検索いただくか、QR コードよりご覧くださいませ。

ライツ社 HP　http://wrl.co.jp/

代表挨拶

なにをやっているのか、なぜやるのか。

2016年9月7日、設立の夜は雷雨でした。

この時代に出版社をつくるということは、
雷雨の中を歩き出すようなものだとはわかっています。
ただ、やっぱりわたしたちは、自分がおもしろいと思える本を、
好きな場所で好きな仲間とつくり、

大好きな本屋さんに届けて、

読者に読んでもらいたい。

これから、わたしたちがつくっていく本は、旅の本、物語の
1ページ目となる本、小説、図鑑などさまざまです。
ですが、出版業をとおして、やりたいことはひとつです。

「write」「right」「light」。

書く力で、まっすぐに、照らす。

本とは、凍りついたこころを解(と)かす光です。
それは、人が悩みもがくときに導いてくれる明かりかもしれな
いし、新しいアイデアが浮かぶ瞬間のひらめきかもしれない。
その胸の中に生まれる小さな火かもしれないし、温かい木漏れ
日や友達の笑い声のようなものなのかもしれない。
そう考えています。

もしも、

今日のみなさんの一日が
設立の夜のような雨の日のありようだったとしても、

「3つのライトでそのこころを照らしたい」

という気持ちを掲げて、ライツ社は始まりました。

write
right
light

「海とタコと本のまち」の出版社

ライツ社からのおたより

読者のみなさんとライツ社をつなぐ、お手紙です。

2016年9月7日創業
兵庫県明石市の出版社です。

write,right,light.

書く力で、まっすぐに、照らす出版社を目指します。

write
right
light

ロシア

料理名 ベフストロガノフ

牛肉のサワークリーム煮込み

40 min

サワークリームは、生クリームが発酵してできた
酸味とコクがすばらしい食材です。
煮込むほどに肉の旨味と合わさり味わい深くなります。

材料（2人分）

- 牛薄切り肉…200g（1㎝幅）
- サラダ油…大さじ1
- 玉ねぎ…1/2個（薄切り）
- 小麦粉…小さじ1
- A
  - カットトマト…大さじ2
  - サワークリーム…1カップ（200cc）
  - 塩…小さじ1/2
  - 胡椒…小さじ1/4

作り方

1 フライパンに油を熱し、中火で牛肉を炒める。焼き色が付いたら一度取り出す。

2 同じフライパンに玉ねぎを入れて、茶色になるまで中火で炒める。小麦粉を振り入れ、2分ほど炒める。

3 1の牛肉、Aを加え、弱火で20分煮込む。

アドバイス！ 玉ねぎは必ず飴色になるまで炒めて。時間のない方は、市販のチャツネで。

おしゃれなトンカツだー！

ドイツ

料理名

イエガー・シュニッツェル

豚肉のパン粉焼き きのこクリームソース

30 min

サクサクに揚げたカツにきのこソースを合わせた料理。
食べ慣れた料理もソースを変えるだけで、
新しいごちそうに生まれ変わります。

材料（2人分）

- 豚ロース肉（カツ用）…2枚
- 塩・胡椒…適量
- A 小麦粉…適量　溶き卵…1個分
  パン粉…適量
- きのこ類（なんでも）…300g
- バター…大さじ2（24g）
- 白ワイン…1/4カップ（50cc）
- 生クリーム…1/2カップ（100cc）
- バター（ソース用）…大さじ3

作り方

1 豚肉に軽く塩・胡椒を振り、3㎜の薄さまで叩いてのばす。Aを順につける。

2 鍋にバターを熱し、中火できのこをしんなりするまで炒める。白ワインを加え、1/3の量まで煮詰める。生クリームを加え、さらに1/2の量まで煮詰める。塩・胡椒（分量外）で味をととのえる。

3 別のフライパンにバターを熱し、強火で1を焼く。片面をこんがり焼いたら裏返し、弱火で10分焼く。2のソースをかける。

アドバイス！ キノコの味を引き出すためにじっくり煮詰めて。お肉は鶏肉や牛肉でもOK。

本当にじゃがいもだけ？

スイス

料理名

やみつきポテトケーキ

レシュティ

60 min

スライスしたじゃがいもを焼いたシンプルな料理。
香ばしくてとっても美味しい。
肉料理の付け合わせにも、単品で朝ごはんにも。

材料（2人分）

じゃがいも（メークイン）…3個
塩…小さじ2
胡椒…小さじ1/2
バター…大さじ1（12g）

作り方

1 じゃがいもを固めにゆで、スライサーでスライスする。塩・胡椒を振り、5分ほど置く。

2 フライパンにバターを熱し、中火で1を15分、フライ返しで押し付けるように焼く。

3 フタをして、さらにごく弱火で表裏15分ずつ、じっくりと焼く。

アドバイス！
焼くときに動かすときれいな表面にならないので、焦らずじっくり焼くこと！

びっくりおいしい！

コソボ

料理名

小さなハンバーグ ヨーグルトソース

チョフテ

とにかく肉をよく食べるバルカン半島という地域にある
コソボという国のハンバーグ。
つくり方はほとんど日本と一緒ですが、
ヨーグルトの酸味でさっぱりと食べられます。

30 min

材料（2人分）

A
合びき肉…300g
玉ねぎ…1/4個（みじん切り）
溶き卵…1/2個分
塩…小さじ1
胡椒…少々

オリーブオイル…大さじ3
ヨーグルト…1カップ（200g）

作り方

1 ボウルにAを入れて、よくこね、6等分のミニハンバーグをつくる。

2 フライパンに油を熱し、強火で1を焼く。焼き色が付いたら裏返して、フタをして弱火で10分焼く。

3 器に盛り付け、よく混ぜてなめらかにしたヨーグルトをかける。

ひっくり返したあとは、フタをして蒸し焼きにするとふっくらと仕上がります。

086／196

料理から見える世界 7

正体不明のコソボ料理を求めて

コソボ共和国がどこにあるかご存知ですか？　イタリア半島のかかとの部分の近く、ギリシャの北側にある国です。美しい渓谷や城跡が残り、田舎に行くと広大な草原で牧畜が行われています。

コソボの名を聞くと独立時の紛争のイメージが強い方が多いかもしれません。2008年に独立を宣言した、できたての国です。すでに紛争は終わり、街には平和が戻りましたが、コソボ料理のレシピはなかなか手に入らず、特に苦労した思い出があります。

それはこの本をつくる前、2010年～2012年に「世界のごちそうアースマラソン」と題して、レストランで世界中の料理をつくるイベントをしていたときの話です。コソボ料理はいろんな図書館で調べても情報がまったくなかったんです。

最後の頼みで検索したSNS。なんとそこにコソボ人の旦那さんを持つ日本人女性が代表をしているコミュニティがあったんです。

さっそくメッセージを送ると、「コソボはまだ紛争のイメージが勝っています。料理を通じてコソボのことを、美味しい料理があることや、紛争前は自然もきれいだったことを伝えてもらえたら嬉しいです」というお返事と、現地の貴重な調味料もいただきました。そのときに教えていただいたのが今回のレシピです。

おしゃれなチキン南蛮

モンテネグロ

料理名

ポペッツ

サクットロッ鶏肉のチーズ揚げ

20 min

カッテージチーズを鶏肉で巻いて揚げもの。
ソースはマヨネーズを水で溶くだけ。
パンでサンドしても間違いなく美味しい！

材料（2人分）

鶏むね肉…300g（6等分）
カッテージチーズ…90g
塩…小さじ1/2
胡椒…少々
A 溶き卵…1/2個分
　小麦粉…50g
　水…30cc（大さじ2）
マヨネーズ…50g
水（ソース用）…10cc（小さじ2）

作り方

1 鶏肉を薄く開いてチーズを巻き、塩・胡椒を振り、小麦粉（分量外）をまぶす。

2 Aを混ぜてタネをつくる。1につけ、180度の油で6分ほどカリッと揚げる。

3 マヨネーズに水を加えて溶き、2にかける。

アドバイス！ タネに加える卵を白身だけ固く泡立てて加えると、フリッター風に仕上がります。

モナコ

料理名 ストカフィ

タラと野菜のトマトソース煮込み

30 min

モナコ公国は美食の国。
南フランスとイタリアの食文化が混じっています。
タラのダシがスープによく出た地中海料理です。

材料（2人分）

玉ねぎ…1/2個（薄切り）
オリーブオイル…大さじ2
A
タラ…2切れ（一口大）
カットトマト…1/2缶
塩…小さじ1/2
胡椒…少々

作り方

1 フライパンに油を熱し、中火で玉ねぎをしんなりするまで炒める。

2 Aを加えて、一煮立ちさせる。アクを取り、弱火で20分煮込む。塩・胡椒で味をととのえる。

アドバイス！
最後にレモンをしぼって、回しかけて食べても美味しい。

デンマーク

料理名

スモーブロー

北欧のオープンサンド

10 min

サンドしないオープンサンド。
素材の組み合わせをお好みで試してみてください。
黒パンを使うのが現地風。

材料（2人分）

- 黒パン（食パン）…6切れ
- 生ハム…2枚
- スモークサーモン…2枚
- ゆで卵…1個（4等分）
- マヨネーズ…小さじ1
- プチトマト…1個
- ベビーリーフ…適量
- セルフィーユ（あれば）…適量
- ディル（あれば）…適量

作り方

1 写真を参考に、パンの上にお好みの材料をのせる。マヨネーズは、すべてに使ってもOK。

アドバイス！ 海老やイクラ、チーズやパプリカ、玉ねぎスライスなどもよく合います。

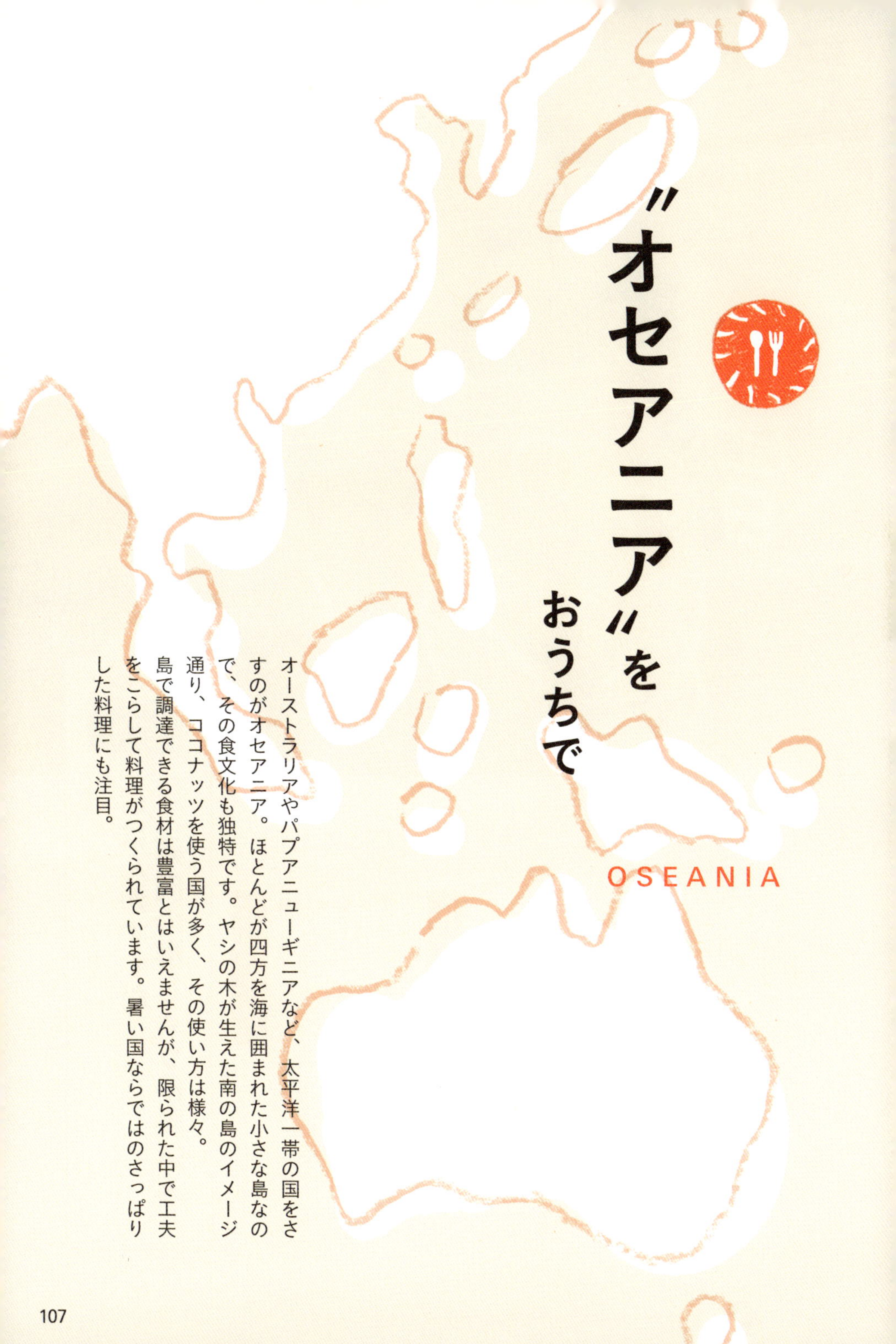

“オセアニア”をおうちで

OSEANIA

オーストラリアやパプアニューギニアなど、太平洋一帯の国をさすのがオセアニア。ほとんどが四方を海に囲まれた小さな島なので、その食文化も独特です。ヤシの木が生えた南の島のイメージ通り、ココナッツを使う国が多く、その使い方は様々。

島で調達できる食材は豊富とはいえませんが、限られた中で工夫をこらして料理がつくられています。暑い国ならではのさっぱりした料理にも注目。

ミクロネシア

料理名 チキンアドボ

ごはんがすすむ鶏肉の酢しょうゆ煮込み

40 min

一晩タレに漬け込んで、あとは煮るだけ。
お酢と胡椒をきかせた濃い味が口いっぱいに広がり、
生姜焼きより白いごはんがすすみます。

材料（2人分）

- 鶏もも肉…1枚（一口大）
- にんにく（おろし）…1かけ（小さじ1）
- 酒…40cc
- しょうゆ…1/4カップ（50cc）
- 酢…1/4カップ（50cc）
- 黒胡椒（ホール）…6粒

作り方

1 ボウルに材料をすべて入れて、冷蔵庫で一晩漬ける。

2 鍋に1を入れて、一煮立ちさせ、弱火で30分煮込む。

アドバイス！ 酢をきかせた料理は腐りにくい調理法。太平洋の暑い国ならではの知恵です。

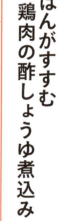

ココナッツミルクで
煮込むだけ

トンガ

料理名 カピシ・ブル

キャベツとコンビーフのココナッツミルク煮込み

10 min

トンガの人はとにかくコンビーフが大好き。
この煮込みはクセのある味ですが、
日本のみなさんには気に入ってもらえるでしょうか？

材料（2人分）

コンビーフ…50g
キャベツ…1/4個（短冊切り）
ココナッツミルク…1カップ（200cc）
塩…少々

作り方

1 鍋に材料をすべて入れて、中火でキャベツが柔らかくなるまで煮込む。

アドバイス！ トンガではコンビーフがおやつ代わりなんだそう。

南の島のマグロの食べ方

クック諸島

料理名 イカマタ

マグロと野菜のココナッツクリーム和え

5 min

生のマグロをココナッツで和えた料理。
ライムのしぼり汁が爽やかで、南国らしい味わいです。
カルパッチョのように前菜にどうぞ。
現地では朝ごはんでも食べられています。

材料（2人分）

マグロ（赤身）… 100g（サイコロ大）
きゅうり… 彩り程度（千切り）
にんじん… 彩り程度（千切り）
ココナッツミルク… 大さじ4
ライム果汁… 1/2個分
塩・胡椒… 小さじ1/2

作り方

1 ボウルに材料をすべて入れて、混ぜ合わせる。

ココナッツクリームがない場合、ココナッツミルク缶の固まっている部分で代用。

092／196

料理から見える世界 8

世界のマグロ料理

マグロはみなさんお好きですか？お寿司の握りや鉄火巻き、どんぶりなんかも美味しいですよね。

日本では「縄文時代から食べられていた」という説もあるほど、わたしたちにとって馴染み深い魚ですが、マグロを食べるのは日本人だけではありません。

実はマグロは南米沖やアフリカ沖、地中海でも獲れる魚です。そういうこともあって世界中の食卓で日常的に食べられています。わりと知られているのが生のマグロやタコをマリネしたハワイの「アヒポキ」ですね。

クック諸島は南大西洋の日付変更線の近くにある国で、ヤシの木に青い海が美しい、まさに南国の島。ここでもマグロがよく獲れるので普段から食べられています。

しかし、その調理法はココナッツで和えて食べるというもの。日本ではまず考えない調理法ですが、この国ではこれが当たり前。

世界の料理をつくっていると、えっ！と思うような料理法がけっこうあります。

そういうものを初めて見たときは「おかしい」とか「気持ち悪い」と思うかもしれません。

でもとりあえず食べてみて、そういうものをお互いの文化として認め合う。そんな懐の深さをもってお互いを知れば、もっと世界って楽しくなるんじゃないか、わたしはそんな風に思っています。

オーストラリア

料理名 ミートパイ

ひき肉のジューシーパイ

90 min

パイ生地で肉汁をぎゅっと閉じ込めたおやつです。
パイシートを使えば意外とカンタン。
お休みの日に友達やお子さんとつくってもいいですね。

材料（4個分）

- 玉ねぎ…1/2個（みじん切り）
- バター…大さじ1（12g）
- 合びき肉…400g
- カットトマト…1/4缶
- 塩・胡椒…少々
- 冷凍パイシート…4枚
- 溶き卵…適量

作り方

1 フライパンにバターを熱し、玉ねぎを中火でしんなりするまで炒める。合びき肉を加え、火が通ったらカットトマトを加える。

2 塩・胡椒で味をととのえ、汁気がなくなるまで炒める。バットに広げて冷ます。

3 パイシートを直径10㎝の丸型に抜く。2の具をのせ、溶き卵をふちに塗り、パイをかぶせる。パイの上にも溶き卵を塗る。

4 220度のオーブンで15分焼き、180度に温度を下げ、さらに20分焼く。

アドバイス!
具材はきちんと汁気が飛ぶまで炒め、旨味を凝縮するのがコツ。

ニュージーランド

料理名

フィッシュ&チップス

白身魚とポテトのフライ

15 min

イギリス移民が多いため、
ニュージーランドでもポピュラーな料理。
外食文化が盛んで、これが国民食です。

材料（2人分）

じゃがいも…2個（拍子切り）
タラ…100g
塩・胡椒…少々
小麦粉…50g
片栗粉…50g
ビール…1/2カップ（100cc）

作り方

1 じゃがいもを180度の油で3分揚げる。

2 タラに塩・胡椒を振る。

3 小麦粉と片栗粉をビールで溶いて、タネをつくる。2にタネをつけて、180度の油で5分揚げる。

アドバイス! 使う魚はぜひ大ぶりの白身魚を。その方が現地っぽさが出ます。

ツバル

料理名 チョップシィ

沈みゆく島の中華丼

30 min

「チョップシィ」とはアジア風の肉野菜炒めをさす言葉。
中国からの輸入食材が豊富で、
中華炒めも広く普及しています。

材料（2人分）

A
- にんにく（おろし）…小さじ1/2
- しょうが（おろし）…小さじ1/2
- 白菜…1/8個（ざく切り）
- 玉ねぎ…1/2個（薄切り）
- にんじん…1/2本（いちょう切り）
- 鶏むね肉…100g（角切り1cm）
- チンゲンサイ…1/2株（ざく切り）
- キクラゲ…3g（水で戻して千切り）

- サラダ油…大さじ1
- 鶏ガラスープ…300cc

B
- オイスターソース…大さじ2
- しょうゆ…大さじ3　塩…小さじ1/2
- 片栗粉…大さじ1（3倍の水で溶く）
- ごま油…小さじ1　ごはん…茶碗2杯分

作り方

1 フライパンに油を熱し、中火でAを順に炒める。全体がしんなりしたら鶏ガラスープを加え、一煮立ちさせる。

2 アクを取り、Bを加え、水溶き片栗粉を混ぜながら加える。弱火にして5分煮込み、ごま油を香りづけに回しかける。ごはんにかける。

炒め方が美味しさのポイントなので、必ず順番に炒めていくこと。

海の向こうも
いっしょだね

バヌアツ

料理名 カリー

日本とほぼ同じ牛肉とじゃがいものカレー

80 min

日本の家カレーと変わらない南太平洋のカレー。
バヌアツ人は「カレー」と「味の素」の味が大好きで、
日本人の味覚と近いことがわかります。

材料（2人分）

A
- 牛肉…100g（一口大）
- 水…1カップ（200cc）

B
- じゃがいも…1個（乱切り）
- 玉ねぎ…1/2個（くし切り）
- にんじん…1/2本（いちょう切り）

- オリーブオイル…大さじ2
- カレー粉…大さじ2
- コンソメ（顆粒）…小さじ2
- 片栗粉…大さじ1（3倍の水で溶く）

作り方

1. 鍋にAを入れて、弱火で一煮立ちさせる。アクを取り、弱火で30分ゆでる。
2. 別の鍋に油を熱し、中火でBをしんなりするまで炒める。
3. カレー粉を加え、炒める。香りが出てきたら1をゆで汁ごと加え、弱火で30分煮込む。コンソメで味付けし、水溶き片栗粉を加え、とろみをつける。

アドバイス！ ルーがなくても、水溶き片栗粉を使えばかんたんに「家カレー」はつくれますよ。

これは!
まあ…
食べてみて

パプアニューギニア

料理名

サクサク

さごやしでんぷんのくず餅風

ヤシの木のデンプン粉を餅状に戻した食べ物。
味はなく、糊を食べているような感触で、
日本人には食べにくいかもしれませんが、
現地ではこれが一般的な主食です。

20 min

材料（2人分）

さごやしでんぷん…50g
水…1と1/4カップ（250cc）

作り方

1 ボウルに材料をすべて入れて、よく溶く。
2 鍋に1を入れて、中火で混ぜながら温め、餅状になるまで練り上げる。
3 粗熱がとれたらスプーンで一口大にすくいとる。

さごやしでんぷんは通販で購入できます。

097／196

料理から見える世界 9

味のしない食べ物

まだまだ新種の生物が発見され続けている自然の宝庫、パプアニューギニア。

この国で食べられている「さごやしでんぷん」とは、サゴヤシというヤシの木の幹から採れるでんぷんのことで、パプアニューギニアでは自生する木を切り倒して収穫されています。収穫されるでんぷんにはほとんど味はなく、日本では食べにくいと感じる方の方が多いかもしれません。

国によって、食に対する考え方はさまざまです。パプアニューギニアは食べ物の好みに対してあまり貪欲ではない。今日はあれを食べようという感じではなくて、ただ採れたものを食べてという生活。しかも味がない。

わたしたちは普段の生活でいろんなものを食べることができて、美味しいとかまずいとか、いろんなことを感じますが、パプアニューギニアではそういった考え自体がありません。いろんな食べ物があれば、とても豊かだと考えることもできるし、食べ物が豊富でなくても、日々の生活自体が充実して、満足に子どもたちが育って、みんなが笑っていれば、それだけでも幸せかもしれない。

見た目はとてもシンプルですが、料理人としていろんなことを考えさせられる料理なのです。美味しくない、というのが正直な感想なんですけど（笑）。

サモア

料理名 パンケケ

シナモン揚げドーナッツ

098／196

50 min

シナモンをきかせた揚げドーナツ。外はサクサク、中はもっちり。

材料（2人分）

A 薄力粉…300g
ベーキングパウダー…小さじ1
シナモン…小さじ1

卵…2個

B 牛乳…70cc
砂糖…50g

作り方

1 Aをふるいにかける。

2 ボウルに卵を入れ、軽くほぐし、Bを加え、混ぜる。1を加え、なめらかになるまで混ぜ、冷蔵庫で30分寝かす。

3 2をスプーンで一口大にすくいとり、180度の油にそっと落とし、8分ほどキツネ色になるまで揚げる。

ソロモン諸島

料理名 ココナッツ・クマラ

さつまいものココナッツ煮

099／196

15 min

サツマイモとココナッツの甘みがやさしいおやつ。

材料（2人分）

サツマイモ…2本（一口大）
里芋…6個（一口大）
ココナッツミルク…2カップ（400cc）

作り方

1 鍋に材料をすべて入れて、中火で15分煮込む。

2 器に移し、冷蔵庫でしっかり冷やす。（できれば3時間）

ナウル

料理名 ココナッツライスボール

ライスとココナッツのおやつ

100／196

5 min

デザート感覚のおにぎり。
おはぎに近い感じかな？

材料（2人分）

- A ごはん…茶碗2杯
- A 砂糖…大さじ2
- ココナッツフレーク…適量

作り方

1. ボウルにAを入れて、混ぜる。
2. ピンポン玉ぐらいに丸めて、ココナッツフレークをまぶす。

ニウエ

料理名 タキヒ

里芋とパパイヤの重ね蒸し

101／196

20 min

本場ではタロイモ。パパイヤの代わりに
マンゴーや柿を使っても甘くて美味しい。

材料（2人分）

- 里芋…6個（輪切り5㎜幅）
- パパイヤ…1/2個（5㎜幅）
- ココナッツミルク…1/2カップ（100cc）

作り方

1. アルミホイルを40㎝ほどの長さに広げる。その上に里芋の半量を並べ、パパイヤ半量を重ねる。さらに残りの里芋、パパイヤを繰り返し重ねる。
2. ココナッツミルクをまんべんなくかける。アルミホイルを折り、隙間がないようにきっちり被せる。
3. 200度に熱したオーブンで15分焼く。

フィジー

料理名 ココンダ

白身魚のココナッツマリネ

40 min

お刺身をココナッツでマリネしたフィジーの家庭料理。レモン汁とココナッツの風味の相性がいいです。白身魚なら何でも合いますよ。

材料（2人分）

A
- タイかスズキ（刺身用）…100g
- レモン汁…小さじ1
- 塩…小さじ1/2

B
- 玉ねぎ…1/4個（みじん切り）
- トマト…1/4個（サイコロ大）
- きゅうり…1/5本（細切り）
- ココナッツミルク…1/2カップ（100cc）

作り方

1 ボウルにAを入れて、混ぜ合わせ、冷蔵庫で30分漬ける。

2 1にBを加え、和える。

3 冷蔵庫でしっかり冷やす。（できれば3時間）

アドバイス！ かんたんなのにごちそうに見えるマリネ。マスターしておいて損はありません。

あさりのダシが美味しい

パラオ

料理名 ラップド・クラム&ポーク

あさりと豚肉のほうれん草包み

日本占領時の影響を今も残すパラオの料理。
きれいな緑色の包みを開けると、
美味しいアサリと豚肉がこぼれてきます。

20 min

材料（2人分）

アサリ…100g
ほうれん草…2束
豚ロース肉…2枚（細切り）
オリーブオイル…大さじ2
塩…小さじ1/2
胡椒…少々

作り方

1 アサリをゆで、むき身にする。
2 ほうれん草を1分ゆでる。
3 フライパンに油を熱し、中火で1と豚肉を5分ほど炒め、塩・胡椒を振る。
4 器にほうれん草を敷き、3を包み、蒸し器に入れて、強火で5分蒸す。

アドバイス!
ほうれん草の色をきれいに保つ裏技は、ゆでたあと冷水にくぐらせること。

ごはんにのせたい

マーシャル諸島

料理名 ポキ

日本の名残りマグロのごま油和え

5 min

お刺身が余った次の日にでも。しょうゆを使った和え物で、ごま油としょうががしっかりきいています。

材料（2人分）

- マグロ（赤身）…100g（サイコロ大）
- アボカド…1個（サイコロ大）
- 玉ねぎ…1/6個（みじん切り）
- しょうが（おろし）…小さじ1/2
- ごま油…大さじ1
- しょうゆ…大さじ2
- 塩…小さじ1/2

作り方

1 ボウルに材料をすべて入れて、混ぜ合わせる。

アドバイス！ 手軽につくれて日本人好みの味。食卓にもう一品というときに最適です。

暑い国の知恵!

キリバス

料理名 フィッシュライス

冷汁みたいなマグロのココナッツ汁かけごはん

10 min

世界でいちばん早く日付が変わる南の島。
生魚を食べる文化もあります。
カレー粉が入っているので意外にごはんがすすみます。

材料（2人分）

マグロ（赤身）…100g（サイコロ大）
塩…小さじ1
A
カレー粉…小さじ1
ココナッツミルク…1/2カップ（100cc）
ごはん…茶碗2杯

作り方

1 ボウルにマグロを入れて、塩を振る。
2 出てきた水分を捨て、Aを加える。
3 ごはんの上に2をどんぶりのようにかける。

アドバイス！ 日本の冷汁のように冷やして食べるのもおすすめです。

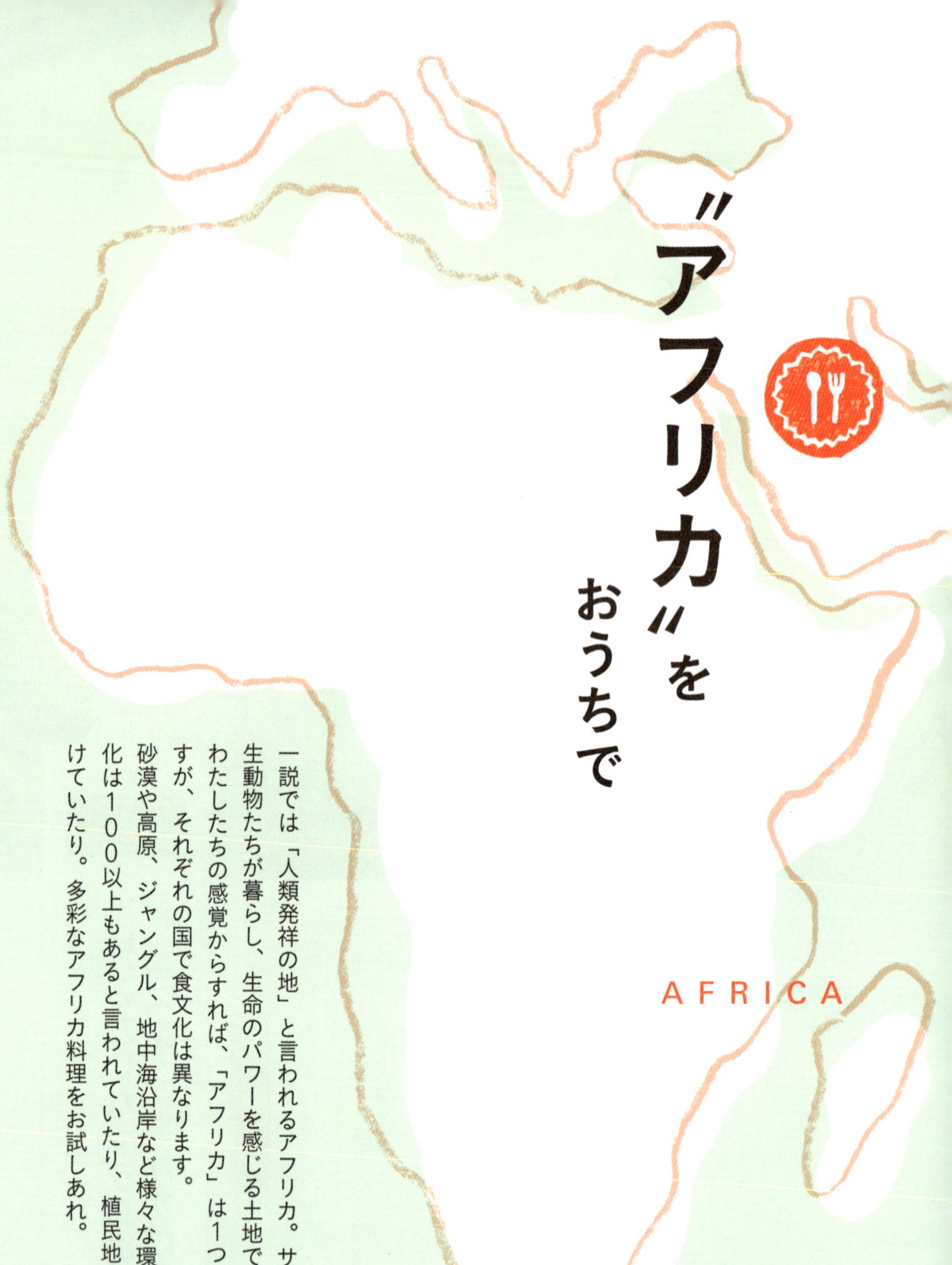

“アフリカ”をおうちで

AFRICA

一説では「人類発祥の地」と言われるアフリカ。サバンナには野生動物たちが暮らし、生命のパワーを感じる土地です。

わたしたちの感覚からすれば、「アフリカ」は１つの国のようですが、それぞれの国で食文化は異なります。

砂漠や高原、ジャングル、地中海沿岸など様々な環境、民族や文化は１００以上もあると言われていたり、植民地化の影響を受けていたり。多彩なアフリカ料理をお試しあれ。

ニジェール

料理名 クスクス

世界一小さいパスタのトマトソースがけ

60 min

世界最小のパスタとも言われる「クスクス」。
プチプチとした食感がクセになります。
パスタソースなら基本的に何でも合います。

材料（2人分）

A
- にんにく（みじん切り）…1/2かけ
- 玉ねぎ（粗みじん切り）…1/2個
- オリーブオイル…大さじ2

鶏もも肉…1枚（角切り2cm）

B
- パプリカ（赤・黄）…各1/2（薄切り）
- ピーマン…2個（薄切り）

カットトマト…1/2缶

C
- ひよこ豆（水煮缶）…50g
- 水…1/2カップ（100cc）　塩…少々

D
- クスクス…3/4カップ
- オリーブオイル…大さじ2　塩…小さじ1

熱湯…1/4カップ（50cc）

作り方

1 鍋に油を熱し、中火でAをしんなりするまで炒める。鶏肉を加え、焼き色が付くまで炒める。Bを加え、しんなりするまで炒める。トマトを加え、中火で5分煮込む。アクを取り、Cを加え、さらに弱火で30分煮込む。

2 クスクスをつくる。ボウルにDを入れて、混ぜる。熱湯を加え、ラップをかけて10分蒸らす。

3 2をダマにならないよう混ぜて皿に盛り付ける。1をかける。

アドバイス！ クスクスは本格的なやり方もありますが、これがいちばんかんたんな方法です。

手で
食べてみよう！

ウガンダ

料理名

ウガンダの主食コーン団子

ポショ

10 min

アフリカで広く食べられている主食。
なめらかな食感は初めての感覚かもしれません。
ポショ自体には味がほとんどないので、
肉や豆などの煮込み料理につけて食べてみて。

材料（2人分）

水…2と1/2カップ（500cc）

A
- 乾燥マッシュポテト（市販）…100g
- 片栗粉…50g

作り方

1 鍋に水を入れて、沸騰させる。

2 弱火にして、Aを入れて混ぜる。かなり力がいるが、粘りが出るまでまんべんなく混ぜる。

乾燥マッシュポテトは白トウモロコシの粉の代用品。通販で購入できます。

107／196

料理から見える世界 10

世界の主食を食べてみよう

とうもろこしは世界三大穀物と言われていて、アフリカでもメジャーな食材です。この地域のとうもろこしは白い品種で、これを乾燥させて粉にしたものを練って餅状にしているのです。

日本ではあまり見られませんが、日本のとうもろこしよりも甘みは少ないです。肥料もなく、干ばつなどで乾いた土地でも育つ強い品種で重宝されています。今回はマッシュポテトの粉で代用しましたが、かなり近い食べごたえですよ。

アフリカは広く、大陸の中でも米が主食の地域があれば、こういった白いとうもろこしを食べる地域、また、キャッサバというイモを食べる地域もあります。さらに、この料理の呼び方もケニアではウガリと言われたり、マラウイではシマという名前だったり。若干固さが違ったりしますが、もともとは同じものです。

現地では手でとって、ピンポン玉くらいに丸めて、ソース（現地では煮込みの意味）につけて食べます。毎日のように食べられているものですので、現地の方にとっては、食べるとほっとする味かもしれませんね。

たまには白いごはんではなく、このポショとおかずを合わせて食べてみると、アフリカの食卓やそこに暮らす方々のイメージできるかもしれません。

ガボン

料理名

フィッシュ&ピーナッツ・シチュー

白身魚のピーナッツ煮込み

30 min

魚をピーナッツバターで煮込んだ料理。
魚との組み合わせは意外ですが、
香ばしさとコクがプラスされて美味しいです。

材料（2人分）

A
- にんにく（おろし）…小さじ1/2
- しょうが（おろし）…小さじ1/2

- 玉ねぎ…1/2（薄切り）
- オリーブオイル…大さじ2
- 白身魚（スズキかタイ）…2切れ（一口大）

B
- カットトマト…1/4缶
- 水…1/4カップ（50cc）

C
- ピーナッツバター…大さじ2
- カルダモン…小さじ1/2
- クミン…小さじ1/2
- 塩…小さじ1
- 胡椒…小さじ1/4

作り方

1 鍋に油を熱し、中火でAをしんなりするまで炒める。魚を加え、火が通るまで炒める。

2 Bを加え、一煮立ちさせたらCを加える。アクを取り、弱火で15分煮込む。（ピーナッツバターは、甘みなしでもありのものでもＯＫ）

アドバイス！ カルダモンはチャイやカレーに入れても格段に美味しくなる魔法のスパイス。

ザンビア

料理名
シチュー・ド・ミート・イン・グラウンドナッツソース

牛肉のピーナッツソース煮

70 min

ピーナッツバターを上手に使った料理。
こちらは甘いものでOKです。
香ばしさと甘みがゴマダレのようで馴染みやすい味。

材料（2人分）

A
- 牛もも肉…100g（一口大）
- 水…1カップ（200cc）

- 玉ねぎ…1/2個（薄切り）
- オリーブオイル…大さじ1

B
- カットトマト…1/2缶
- ピーナッツバター…大さじ1
- 塩…小さじ1/2

作り方

1 鍋にAを入れて、一煮立ちさせる。アクを取り、弱火で40分ゆでる。

2 別の鍋に油を熱し、中火で玉ねぎをしんなりするまで炒める。

3 Bと1を汁ごと加え、弱火で20分煮込む。

アドバイス！ ピーナッツとオクラはアフリカを代表する食材。ぜひマスターしましょう！

ブルンジ

料理名 マハラゲ

金時豆のとろっとしたトマト煮

70 min

金時豆とトマトをじっくり煮込んだシンプルな料理。
ほんのり甘く、野菜の旨みがぎゅっと詰まっています。
「マハラゲ」とはスワヒリ語で「豆」の意味です。

材料（2人分）

金時豆…100g（一晩500ccの水に浸けておく）
A にんにく（みじん切り）…1かけ
A 玉ねぎ…1/2個（みじん切り）
オリーブオイル…大さじ1
カットトマト…1/2缶
塩…小さじ1

作り方

1 鍋に豆を水ごと入れて、中火で30分柔らかくなるまで煮込む。
2 別の鍋に油を熱し、中火でAをしんなりするまで炒める。
3 トマトと1を煮汁ごと加え、さらに弱火で30分煮込む。塩で味をととのえる。

アドバイス！
豆を煮込む時間は長いけれど、アフリカのお母さんもきっと同じ。

カーボヴェルデ

料理名

カチューバ

豆とコーングリッツの煮込み

100 min

ほくほくの豆ととうもろこしのはじける歯ごたえがクセになる煮込み料理。
現地ではどこでも食べられる国民食。

材料（2人分）

A
- カリオカ豆（金時豆）…50g（一晩水に浸す）
- 水…1と1/2カップ（300cc）

- 玉ねぎ…1/2個（薄切り）
- オリーブオイル…大さじ3
- ひよこ豆（水煮缶）…50g

B
- とうもろこし（缶詰）…30g
- コーングリッツ…50g
- 塩…小さじ1/2

作り方

1 鍋にAを入れて、中火で30分柔らかくなるまで煮る。

2 別の鍋に油を熱し、中火で玉ねぎをしんなりするまで炒める。ひよこ豆と1を煮汁ごと加え、一煮立ちさせ、弱火で30分煮込む。

3 Bを加え、とろっとするまで混ぜ、弱火で30分煮込む。

お菓子にも使われるコーングリッツ。通販で購入できます。

アフリカの食卓

コンゴ共和国

料理名 ローストチキン

シンプルなローストチキン

45 min

にんにくとしょうがで下味をつけたローストチキン。
香りが食欲をそそります。
シンプルですが、ひと手間でグッと美味しくなります。

材料（2人分）

鶏もも肉…2枚（一口大）
にんにく（おろし）…小さじ1/2
しょうが（おろし）…小さじ1/2
塩…小さじ1
胡椒…小さじ1/2

作り方

1 ボウルに材料をすべて入れて、よくもみ、冷蔵庫で30分寝かす。
2 魚焼きグリルで、中火で表裏5分ずつ、焼き色が付くまで焼く。

アドバイス！ 鶏肉は豚肉に変えても美味しいので、そのときあるお肉でぜひ！

112／196

コンゴ民主共和国

料理名 ビーフ&ビーンズ・シチュー

牛肉と白インゲン豆の煮込み

100 min

ほっとする味のシンプルな豆と肉の煮込み。
豆と肉を別々にゆでるので、
夏でも食べられそうなほど、さっぱり澄んでいます。

材料（2人分）

白インゲン豆（大豆）…100g（一晩水に浸す）
A 牛もも肉…100g（一口大）
水…1カップ（200cc）
B にんにく（みじん切り）…1/2かけ
玉ねぎ…1/2個（薄切り）
オリーブオイル…大さじ1
C カットトマト…1/2缶
塩…小さじ1/2

作り方

1 白インゲン豆を中火で30分柔らかくなるまで煮る。
2 別の鍋にAを入れて、中火で40分ゆでる。
3 別の鍋に油を熱し、中火でBをしんなりするまで炒める
4 1とC、2をゆで汁ごと加え、強火で一煮立ちさせる。アクを取り、弱火で20分煮込む。

アドバイス！ 豆からはアクが出るので、最初の煮汁は捨てましょう。

113／196

エジプト

料理名

コシャリ

レンズ豆とマカロニのトマトごはん

100 min

ごはん、パスタ、マカロニなどの炭水化物をごちゃまぜにしてトマトソースでいただきます。「そばめし」に近い感覚でしょうか。

材料（2人分）

レンズ豆…50g
マカロニ…30g
スパゲティ…30g
A トマトソース（市販）…1カップ（200cc）
　クミン…小さじ1/4
ごはん…茶碗2杯分
フライドオニオン…大さじ4

作り方

1 レンズ豆を1時間水に浸してから、中火で30分煮る。
2 マカロニ、スパゲティをゆでる。
3 鍋にAを入れて、温める。
4 器にごはんを盛り、1とマカロニ、スパゲティを重ねて、3とフライドオニオンをかける。

アドバイス！ 現地の食堂によってはカリカリのパンを入れたり様々なので、好みにアレンジ！

アフリカ風おじやだね

モーリタニア

料理名

マトン・ウィズ・ライス

羊肉の汁だく炊き込みごはん

40 min

国土がサハラ砂漠に覆われた西アフリカの国では、
料理はシンプルなものが多いです。
ごはんにお肉の味がしみていて美味しいですよ。

材料（2人分）

A にんにく（みじん切り）…1かけ
　玉ねぎ…1/2個（みじん切り）
ピーナッツ油（オリーブオイル）…大さじ3
羊肉（牛もも肉）…100g（一口大）
米…1合（洗っておく）
水…1カップ（200cc）
塩…小さじ3/4
胡椒…少々

作り方

1 土鍋に油を熱し、中火でAをしんなりするまで炒める。羊肉を加え、5分炒める。

2 米を加え、混ぜながら5分炒める。水を加え、混ぜながらさらに5分煮る。

3 フタをして、弱火で15分炊く。

アドバイス！ パエリアのようなつくり方で米から炒めますが、とてもかんたんなのでおすすめです。

モロッコ

料理名 チキン・タジン

鶏肉のタジン鍋煮込み

50 min

とんがり帽子のようなタジン鍋でつくる煮込み料理。ほとんど食材の水分で蒸し焼きにするので、ふっくら柔らかく仕上がります。

材料（2人分）

A
- にんにく…1かけ（みじん切り）
- 玉ねぎ…1/2個（粗みじん切り）
- ターメリック…小さじ1

- 鶏もも肉…300g（一口大）
- オリーブオイル…大さじ3

B
- ひよこ豆（水煮缶）…50g
- 水…1/4カップ（50cc）
- 塩…小さじ3/4

- スライスアーモンド…20g

作り方

1 タジン鍋に油を熱し、中火でAをしんなりするまで炒める。鶏肉を加え、表面が白っぽくなるまで炒める。

2 Bを加え、フタをして弱火で30分煮込む。

3 フライパンを熱し、アーモンドを入れ、弱火で焼き色が付くまで炒める。2の上にちらす。

アドバイス! タジン鍋がなければ、土鍋や普通の鍋でOK！ 羊や牛でも美味しくできます。

野菜がいっぱい食べれるね

コートジボワール

牛肉と季節野菜のポトフ

料理名 ソース・クレール

70 min

野菜をたっぷり入れて煮込んだポトフのような料理。「ソース」は西アフリカでは「煮込み料理」、「クレール」は「澄んだ」という意味です。

材料（2人分）

A
- 牛もも肉…50g　水…2カップ（400cc）
- 玉ねぎ…1/2（薄切り）
- オリーブオイル…大さじ1

B
- キャベツ…1/8個（ざく切り）
- しめじ…1/2パック（割く）
- なす…1/2本（いちょう切り）
- にんじん…1/2本（いちょう切り）
- ひよこ豆（水煮缶）…50g
- カットトマト…1/2缶

塩…小さじ1/2　胡椒…少々

作り方

1 鍋にAを入れ、一煮立ちさせる。アクを取り、弱火で30分ゆでる。肉を一度取り出し、小さめに切る。

2 鍋に油を熱し、中火で玉ねぎをしんなりするまで炒める。1をゆで汁ごと加え、一煮立ちさせる。

3 Bを加え、一煮立ちさせる。アクを取り、弱火で30分煮込む。塩・胡椒で味をととのえる。

アドバイス！ フランス領だったためパンと一緒に食べることも。現地に習って食べてみましょう。

アフリカの母の味

ベナン

料理名 ソース・ゴンボ

海老のオクラソース煮

118／196

40 min

海老とオクラの煮込み料理。
煮干しの粉末が隠し味です。

材料（2人分）

小海老…4尾
玉ねぎ…1/2個（粗みじん切り）
オクラ…8本（輪切り）
パームオイル（オリーブオイル）…大さじ4

A
カイエンペッパー…小さじ1/2
塩…小さじ1
煮干し…4本（粉々にする）
水…1/2カップ（100cc）

作り方

1 海老に軽く塩（分量外）を振り、フライパンで軽く焼き色を付ける。
2 鍋に油を熱し、中火で玉ねぎをしんなりするまで炒める。オクラを加え、2分ほど炒める。
3 1と2、Aを加え、弱火で20分煮込む。

のどごしなめらか

カメルーン

料理名 フィッシュ・ウィズ・ゴンボソース

白身魚のオクラソース煮

119／196

50 min

白身魚とオクラの煮込み料理。
ごはんとの相性も抜群。

材料（2人分）

A
にんにく（おろし）…小さじ1/2
しょうが（おろし）…小さじ1/2
オクラ…8本（輪切り）
玉ねぎ…1/2個（薄切り）

オリーブオイル…大さじ3
白身魚（タラかタイ）…2切れ（一口大）

B
カットトマト…1/2缶
水…1/2カップ（100cc）
塩…小さじ3/4

作り方

1 鍋に油を熱し、中火でAをしんなりするまで炒める。
2 魚を加え、5分炒める。
3 Bを加え、一煮立ちさせる。アクを取り、弱火で30分煮込む。

アンゴラ

料理名 ムアンバ

鶏肉とたっぷり野菜のシチュー

120／196

30 min

パーム油を使うのが現地風。コクがまったく違ってきます。

材料（2人分）

A
- にんにく（みじん切り）…1かけ
- 玉ねぎ…1個（粗みじん切り）
- ピーマン…2個（細切り）
- パームオイル（オリーブオイル）…大さじ4

- 鶏もも肉…1枚（一口大）

B
- オクラ…4本（2等分）
- カットトマト…1/2缶
- 水…1/2カップ（100cc）
- タイム…小さじ1/2

- 塩…小さじ1/2
- 胡椒…小さじ1/4

作り方

1 鍋に油を熱し、中火でAをしんなりするまで炒める。鶏肉を加え、色が変わるまで炒める。

2 Bを加え、一煮立ちさせる。アクを取り、弱火で水分が2/3になるまで煮込む。塩・胡椒で味をととのえる。

サントメ・プリンシペ

料理名 フランゴ

ピリッと辛い鶏肉の煮込み

121／196

30 min

ポルトガルの影響を受けた、スパイシーな味付けが特徴。

材料（2人分）

A
- にんにく（みじん切り）…1/2かけ
- 玉ねぎ…1/2個（薄切り）

- オリーブオイル…大さじ1
- 鶏もも肉…1枚（一口大）
- オクラ…4本（輪切り）

B
- カイエンペッパー…小さじ1/2
- 塩…小さじ1/2
- 胡椒…少々

作り方

1 フライパンに油を熱し、中火でAをしんなりするまで炒める。鶏肉を加え、火が通ったらオクラを加え、5分ほど炒める。

2 Bを加え、一煮立ちさせる。アクを取り、弱火で20分煮込む。

タイめし
ぐらい
美味しい

ガンビア

料理名

おこげまで美味しい魚の炊き込みごはん

チェブジェン

現地では、広大なガンビア川で獲れた魚を使ってつくる炊き込みごはん。
魚を焼いてから入れるのは日本と同じ。
おかずがいらないぐらいのごちそうです。

50 min

材料（2人分）

魚（サワラかタイ）…4切れ
サラダ油…50cc

A
キャベツ…1/8個（ざく切り）
にんじん…1/2本（短冊切り）

B
玉ねぎ…1/2個（粗みじん切り）
トマト…1/2個（サイコロ大）
トマトピューレ…30cc（大さじ2）

米…1合（洗っておく）

C
水…1カップ（200cc）
塩…小さじ1/2
胡椒…少々

作り方

1 鍋に油を熱し、魚を180度でカリッとなるまで揚げ焼きにして、一度取り出す。Aを入れ、しんなりするまで炒め、一度取り出す。

2 同じ鍋にBを入れて、中火で5分炒める。米を加え、3分炒める。Cを加え、混ぜながら弱火で5分煮込む。

3 1をのせ、フタをして、弱火で15分炊く。

魚の出汁が生臭くならないように、魚を揚げ焼きするときはしっかり火を通して。

122／196

料理から見える世界 11

日本人好みのアフリカ料理

わたしがレストランで世界の料理を提供している際、お客さんにこの料理を出すと「アフリカなのにお米を食べるんだ」とよく驚かれました。

アフリカといえば、煮込み料理や芋などのイメージが強いと思いますが、このチェブジェンや、ほかにもジョロフライス（P.164）など、炊き込みごはんはアフリカでもけっこう食べられているんです。もちろん稲作も行われていて、雨季になるとガンビア川流域には田園風景が広がります。日本のように田んぼが広がる光景を一度見てみたいものです。

海沿いに位置しているせいか「ガンビア料理は日本人の舌に合う」とも言われていて、旨味を凝縮させる技法を使っているんです。単純に米と魚を突っ込んで煮込むのではなくて、新鮮な魚を一度こんがりと炒めたあとにごはんと炊き込むことで、旨味をぐっと引き出しているんです。その旨味がごはんに染み込んでいるから美味しいのです。使う素材は違えど、このつくり方は日本の鯛めしと同じですね。海に面した国どうし魚の使い方はお手のものです。

アフリカ料理はヨーロッパなどと比べてシンプルですが、旨味や素材の味を引き出す料理があっておもしろい。「なるほど！」と思わせるものがあります。ぜひ一口食べてみてください、きっとその美味しさに驚くはずです。

ほうれん草が
きれいだね

レソト

料理名

スピナッチェ

ほうれん草のクリーム煮込み

20 min

刻んだほうれん草がきれいなクリーム煮。
みじん切り野菜のシャキシャキした食感が新鮮。
ほんのりあまい味わいです。

材料（2人分）

A
- 玉ねぎ…1/2個（みじん切り）
- ほうれん草…1束（みじん切り）

オリーブオイル…大さじ1
塩…小さじ1/2
胡椒…少々
生クリーム…1/2カップ（100cc）

作り方

1 フライパンに油を熱し、Aを入れて、塩・胡椒を振り、強火でしんなりするまで炒める。（出てきた水分は捨てる）

2 生クリームを加え、中火で10分ほど、とろみが出てくるまで煮詰める。

アドバイス！ 野菜から水分が出てきて水臭くなるので、水気は捨てるのを忘れずに。

リベリア

ほうれん草の煮込み ほんのりシナモン

料理名 スピナッチェ

30 min

「スピナッチ」とは「ほうれん草」のこと。
あっさりしたスープにシナモンがきいています。
サラサラした具だくさんスープです。

材料（2人分）

- 玉ねぎ…1/2個（みじん切り）
- オリーブオイル…大さじ3
- 牛薄切り肉…200g（2cm幅）
- A
  - ほうれん草…一束（千切り）
  - ブイヨン…1/2カップ（50cc）
  - シナモン…小さじ1/4
  - 塩…小さじ1/2
  - 黒胡椒…小さじ1/2

作り方

1 鍋に油を熱し、中火で玉ねぎをしんなりするまで炒める。牛肉を加え、焼き色が付くまで炒める。

2 Aを加え、弱火で15分煮込む。

アドバイス！

澄んだスープを生かすため、アクが出てきたらこまめに取りましょう。

ギニア

料理名

フライドフィッシュ・ウィズ・トマトソース

白身魚のフライトマトソース

30 min

海に面したギニアでは魚介類が豊富に獲れます。
そのため魚料理もポピュラーです。
白身魚のフライをトマトの酸味で美味しく食べる料理。

材料（2人分）

白身魚（タラかスズキ）…4切れ（一口大）
オリーブオイル…大さじ3
玉ねぎ…1/2個（薄切り）
カットトマト…1/2缶
塩…小さじ1/2
じゃがいも（ゆで）…1個（乱切り）
水…1/2カップ（100cc）

作り方

1 鍋に油を熱し、中火で魚を焼く。両面に焼き色が付いたら一度取り出す。

2 同じ鍋に玉ねぎを入れ、中火でしんなりするまで炒める。カットトマトと塩を加え、中火で5分煮込む。

3 1と2、じゃがいも、水を加え、一煮立ちさせる。アクを取り、弱火で10分煮込む。

アドバイス！ 青魚でつくるときは、オレガノやバジルを加えると臭みが消えます。

マスタードと
レモンに
そそられる

マリ

料理名

チキンヤッサ

鶏肉のさわやかマスタード煮込み

70 min

野菜と鶏肉をマスタードで煮込んだ料理。

辛みと酸味がごはんにとってもよく合います。

「ヤッサ」は現地語で「玉ねぎのソース」。

材料（2人分）

- 鶏もも肉…1枚（一口大）
- オリーブオイル…大さじ1
- 玉ねぎ…1/2個（粗みじん切り）
- A
  - じゃがいも…1個（薄切り）
  - にんじん…1/2本（半月切り）
- 水…1カップ（200cc）
- B
  - マスタード…大さじ3
  - コンソメ（顆粒）…小さじ2
- レモン汁…小さじ1　塩・胡椒…少々

作り方

1. フライパンに油を熱し、強火で鶏肉を皮目から表裏がパリッとするまで焼き、一度取り出す。
2. 同じフライパンに玉ねぎを入れて、中火で透明になるまで炒める。Aを加え、さっと炒める。
3. 鶏肉を戻し、水を加え、中火で30分煮込む。Bを加え、アクを取り、さらに弱火で30分煮込む。レモン汁を加え、塩・胡椒で味をととのえる。（とろみは水で調整）

アドバイス！

鶏肉は煮込むので、最初に焼くときは表面が焼けていれば大丈夫です。

南スーダン

料理名 マハシ

ごはんの入ったピーマンの肉詰め

40 min

日本でも人気の肉詰め、南スーダン版です。ひき肉にお米を混ぜるのが特徴で、口当たりがほどよくしっとり、食べやすくなります。

材料（2人分）

ピーマン…4個

A
- 合びき肉…300g
- 玉ねぎ…1/4個（みじん切り）
- 米…30g
- 塩…小さじ1/2
- 胡椒…少々

作り方

1 ピーマンのヘタをとり、種をとりのぞく。（亀裂が入らないように）

2 ボウルにAを入れて、よく混ぜる。

3 2を1に詰め、200度のオーブンで30分焼く。

アドバイス！ ひき肉にお米を混ぜるのは、お米を野菜として考えている発想ですね。

ジンバブエ

料理名

アフリ

インド移民風フライドチキン

140 min

カレー味の鶏の唐揚げにレモンソースをかけた一品。
酸っぱくて辛いソースによだれとがまりません。
ごはんもお酒も、どちらでもどんどんすすみます。

材料（2人分）

A

- 鶏もも肉…200g（一口大）
- トマト…1/4個（サイコロ大）
- にんにく（おろし）…小さじ1/2
- カレー粉…小さじ1
- 塩…小さじ1/2

B

- レモン汁…大さじ1
- チリパウダー…小さじ1/2
- 砂糖…小さじ1/2
- 塩…小さじ1/2

作り方

1. ボウルにAを入れて、よく混ぜ、冷蔵庫で2時間漬ける。
2. 230度のオーブンで15分焼く。
3. Bを混ぜ合わせてタレをつくり、2にかける。

アドバイス！ ジンバブエはインド移民が多く、日常的にスパイスがたくさん使われています。

レッツ!
アフリカン
ディップ!

ルワンダ

50 min

金時豆の甘い香りがするペースト。
味は塩味があるので、パンに塗っても、
サラダに加えても、肉料理の添え物にも合います。

料理名 イギヘンベ

金時豆の甘じょっぱいペースト

材料（2人分）

金時豆…120g（一晩500ccの水に浸す）
玉ねぎ…1/2個（粗みじん切り）
バター…小さじ1（4g）
A トマトペースト（市販）
大さじ1
塩…小さじ1

作り方

1 鍋に豆を水ごと入れて、中火で30分柔らかくなるまで煮る。
2 別の鍋にバターを熱し、中火で玉ねぎをしんなりするまで炒める。1と煮汁50cc、Aを加え、弱火で10分煮込む。
3 2をフードプロセッサーにかけて、ペースト状にする。

パンにつけたりサラダにのせてもOK。何かと役に立つペーストです。

モーリシャス

40 min

イタリア料理のようなさっぱりとしたトマトソース。
パンにつけたり、そのままトーストしたくなります。
肉や魚を一緒に煮込んでも美味しいですよ。

料理名 ルガイ・ド・トマト

トマトと玉ねぎのディップソース

材料（2人分）

A にんにく（みじん切り）…1かけ
玉ねぎ…1/2個（みじん切り）
オリーブオイル…小さじ1
B カットトマト…1/2缶
タイム…小さじ1/2
塩…小さじ1
胡椒…小さじ1/2

作り方

1 鍋に油を熱し、Aを入れて、中火でしんなりするまで炒める。
2 Bを加え、弱火で30分煮込む。

コクがないなと思ったら、少しオリーブオイルを足してみてください。

セーシェル

料理名 ラドーブ

さつまいもとバナナのココナッツミルク煮

15 min

東アフリカ沖、インド洋の島国のレシピ。
砂糖を使わないのに、素材だけでとろっと甘い、
ヘルシー料理です。

材料（2人分）

サツマイモ…1本（輪切り1㎝）
バナナ…1本（乱切り）
ココナッツミルク…2カップ（400cc）

作り方

1 鍋に材料をすべて入れて、中火で10分煮込む。

アドバイス！ 最後にラムレーズンを入れて、冷やして食べてもおいしいです。

赤道ギニア

料理名

プランテンバナナ&シチュー

調理用バナナのシチュー

90 min

揚げた調理用バナナを使ったシチュー。
じゃがいもみたいなので、煮込み料理によく合います。
味も甘さはあまりなく、野菜のようです。

材料（2人分）

牛もも肉…100g（角切り2cm）
A にんにく（おろし）…小さじ1/2
　玉ねぎ…1/2個（薄切り）
オリーブオイル…大さじ2
B カットトマト…1/2缶
　水…1/4カップ（50cc）
　塩…小さじ1
プランテンバナナ…1本（一口大）

作り方

1 鍋に牛肉と水（分量外）を入れ、一煮立ちさせる。アクを取り、弱火で30分ゆでる。

2 鍋に油を熱し、中火でAをしんなりするまで炒める。1とBを加え、一煮立ちさせる。アクを取り、弱火で30分煮込む。

3 180度の油でプランテンバナナを5分揚げる。2に加え、弱火で5分煮込む。

アドバイス！ 甘くないプランテンバナナは通販で購入できます。

野菜炒めにナッツ!

ボツワナ

料理名 スピナッチ・ウィズ・グラウンドナッツ

ほうれん草とピーナッツの炒めもの

10 min

ピーナッツが余ったときには料理に使ってみましょう。
ナッツのコリコリした食感と香ばしさが
アクセントになっている、かんたんな炒めものです。

材料（2人分）

- 玉ねぎ…1/2個（薄切り）
- オリーブオイル…大さじ1
- A トマト…1/2個（薄切り）
- A ほうれん草…1束（ざく切り）
- ピーナッツ…50g
- 塩…小さじ1/2
- 黒胡椒…少々

作り方

1 フライパンに油を熱し、中火で玉ねぎをしんなりするまで炒める。Aを加え、2分ほど炒める。

2 フードプロセッサーで砕いたピーナッツを加え、塩・胡椒を振り、3分炒める。

アドバイス！ ピーナッツ炒めは鶏肉とも相性がいいので、加えてメインのおかずにしてもOK。

マラウイ

料理名 カレーキャベジ

カレー風味のかんたん野菜炒め

15 min

カレーで炒めただけとは思えない、
シャキシャキで美味しい野菜炒め。
トマトが入っているのがポイントですね。

材料（2人分）

玉ねぎ…1/2個（薄切り）
サラダ油…大さじ2

A
キャベツ…1/4個（ざく切り）
トマト…1/2個（くし切り）
ニンジン…1/2本（輪切り）
ピーマン…1個（細切り）
カレー粉…小さじ1
塩・胡椒…少々

作り方

1 フライパンに油を熱し、玉ねぎを中火で透明になるまで炒める。

2 Aを加え、5分ほど強火で炒める。（シャキシャキ感が残るくらい）

アドバイス！ シンプルなカレー炒めなので、冷蔵庫の残りものでできてしまいます。

ソマリア

料理名

スカール

薄切りじゃがいもとひき肉の煮込み

30 min

ごはんによく合う、アフリカ版の肉じゃが。
庶民のおかずの代表格です。
イタリア統治時代の名残でパスタと合わせることも。

材料 (2人分)

- 玉ねぎ…1/2個(薄切り)
- オリーブオイル…大さじ1
- 合びき肉…200g
- A
  - じゃがいも…1個(薄切り)
  - カットトマト…1/2缶
- B
  - タイム…小さじ1/4
  - 塩…小さじ1
  - 胡椒…少々

作り方

1. フライパンに油を熱し、中火で玉ねぎをしんなりするまで炒める。ひき肉を加え、色が変わるまで炒める。
2. Aを加え、一煮立ちさせてBを加える。中火で15分、じゃがいもが柔らかくなるまで煮込む。

アドバイス!

世界中にじゃがいもと肉を炒める食文化は浸透しています。相性ばっちり。

エリトリア

料理名 アリチャ

野菜の煮込み ほんのりカレー風味

40 min

ほんのりカレー風味で野菜の甘みを引き出した料理。野菜をたくさん食べられる料理なので、日本でも食卓の定番にしてみましょう。

材料（2人分）

A
にんにく（みじん切り）…1/2かけ
玉ねぎ…1/2個（薄切り）
オリーブオイル…大さじ3
牛こま肉…100g（5㎜幅）

B
インゲン…4本（2等分）
じゃがいも…1個（拍子切り）
にんじん…1/2本（いちょう切り）

C
クミン…小さじ1/2
コリアンダー…小さじ1/2
塩…小さじ1
胡椒…少々

作り方

1 鍋に油を熱し、中火でAをしんなりするまで炒める。牛肉を加え、色が変わるまで炒める。Bを加え、しんなりするまで炒める。

2 Cを加え、弱火で15分、じゃがいもが柔らかくなるまで煮込む。

アドバイス！ 味がぼけてるなと思ったら、塩やスパイスをきかせてメリハリをつけましょう。

80 min

じっくり煮込み、ソースとお肉が一体化するような状態が現地流。

材料（2人分）

A
にんにく（おろし）…小さじ1/2
玉ねぎ…1/2個（薄切り）
オリーブオイル…大さじ2
牛もも肉…100g（細切り）

B
カットトマト…1/2缶
水…1/4カップ（50cc）
塩…小さじ1

作り方

1 鍋に油を熱し、中火でAをしんなりするまで炒める。牛肉を加え、色が変わるまで炒める。

2 Bを加え、一煮立ちさせる。ごく弱火で1時間煮込む。

チャド

料理名 ビーフ・シチュー

アフリカ中部のビーフシチュー

137／196

50 min

バオバブの木で知られるアフリカの島国のシチュー。

材料（2人分）

豚ロース肉（カツ用）…2枚（8等分）
オリーブオイル…大さじ2

A
玉ねぎ…1/2個（薄切り）
ほうれんそう…1/2束（千切り）

B
カットトマト…1/2缶
塩…小さじ1/2
胡椒…少々

作り方

1 フライパンに油を熱し、中火で豚肉を焼き色が付くまで炒め、一度取り出す。

2 同じフライパンにAを入れ、中火で玉ねぎが茶色になるまで炒める。

3 1を戻し、Bを加え、一煮立ちさせる。アクを取り、弱火で30分煮込む。

マダガスカル

料理名 ロマザバ

豚肉のトマトシチュー

138／196

セネガル

料理名 マフェ

鶏肉のピーナッツソース煮込み

60 min

西アフリカので家庭料理。香ばしいシチューです。

材料（2人分）

A
- にんにく（みじん切り）…1/2かけ
- 玉ねぎ…1/2個（粗みじん切り）

- 鶏もも肉…1枚（角切り2cm）
- オリーブオイル…大さじ1

B
- カットトマト…1/2缶
- 水…1/2カップ（100cc）
- ピーナッツバター…大さじ1
- カイエンペッパー…小さじ1/4

- 塩…小さじ1/2
- 胡椒…少々

作り方

1 鍋に油を熱し、中火でAをしんなりするまで炒める。鶏肉を加え、表面が白っぽくなるまで炒める。

2 Bを加え、一煮立ちさせる。アクを取り、弱火で40分煮込む。

139／196

アルジェリア

料理名 シッテタハ・ジェジ

鶏肉とひよこ豆の赤い煮込み

40 min

鶏肉、にんにく、ひよこ豆、塩は、黄金の組み合わせ。美味です。

材料（2人分）

- 鶏もも肉…2枚（一口大）
- にんにく（みじん切り）…2かけ
- オリーブオイル…大さじ3

A
- ひよこ豆（水煮缶）…100g
- 水…1/2カップ（50cc）
- カイエンペッパー…小さじ1/2
- パプリカ…大さじ1

- 塩…小さじ1
- 黒胡椒…小さじ1/2

作り方

1 鶏肉に塩を振る（分量外）。

2 別の鍋に油を熱し、中火でにんにくを炒め、香りが出てきたら鶏肉を加え、焼き色が付くまで炒める。

3 Aを加え、弱火で20分煮込む。

140／196

チュニジア

料理名 タジン

オーブンで焼いた牛肉とチーズの卵焼き

60 min

キッシュのような卵料理。素材を炒めたあと、チーズと卵を混ぜてオーブンで焼き上げます。ほくほくの食感とチーズの香りがたまりません。

材料（2人分）

A
- にんにく（みじん切り）… 1/2かけ
- 玉ねぎ… 1/2個（みじん切り）

オリーブオイル… 大さじ1
牛ひき肉… 50g

B
- じゃがいも（ゆで）… 1個（サイコロ大）
- トマト… 1/4個（サイコロ大）

C
- 卵… 4個
- パルメザンチーズ… 50g
- 塩… 小さじ1/2
- 胡椒… 少々

バター… 大さじ1（12g）

作り方

1 フライパンに油を熱し、中火でAをしんなりするまで炒める。ひき肉を加えて、5分ほど炒める。Bを加え、さらに5分炒める。

2 ボウルにCを入れ、混ぜる。1を加え、混ぜ合わせる。

3 耐熱皿にバターを塗り、2を流し入れて、180度のオーブンで30分焼く。

アドバイス!

チーズは惜しまずたっぷり入れて、リッチにつくりましょう。

ジブチ

料理名

バギヤ

赤レンズ豆のかわいいコロッケ

50 min

豆のミンチを揚げた素朴な味のコロッケ。
イスラム教徒のラマダンの時期に
夜食として食べられる料理です。

材料（2人分）

赤レンズ豆（ソラマメ）…200g（3時間水に浸す）

A
- 玉ねぎ…1/2個（みじん切り）
- にんにく…1かけ（みじん切り）
- パクチー…1枝（みじん切り）
- 小麦粉…大さじ3
- 塩…小さじ1
- 胡椒…少々

作り方

1 鍋に豆を水ごと入れて、中火で20分柔らかくなるまで煮る。

2 1をざるにあけ、流水で冷まし、水気を切る。フードプロセッサーにかけてペースト状にする。

3 ボウルに2とAを入れて、よく混ぜ、一口大に丸める。

4 180度の油で6分ほど揚げる。

アドバイス！ 赤レンズ豆は通販で購入できます。

スパイシー！

エチオピア

料理名 ドロワット

まるごと卵のスパイスカレー

80 min

エチオピアの激辛カレーを日本向けにアレンジ。
現地語で「ドロ」とは「鶏肉」、
「ワット」は「カレー状の料理」のこと。

材料（2人分）

鶏もも肉…2枚（一口大）
レモン汁…大さじ1

A
にんにく（みじん切り）…1かけ
しょうが（みじん切り）…1かけ
玉ねぎ…1/2個（みじん切り）

B
カルダモン…小さじ1/2　ナツメグ…小さじ1/2
パプリカパウダー…小さじ1　胡椒…小さじ1/2

C
カットトマト…1/2缶　水…1/2カップ（100cc）

塩…小さじ1
ゆで卵…2個

作り方

1 鶏肉にレモン汁と塩（分量外）をすり込み、常温で30分置く。

2 鍋にAを入れて、中火でしんなりするまで炒める。Bを加え、香りが出てきたら、1とCを加え、からめる。

3 フタをして、弱火で30分煮込む。

4 塩で味をととのえ、ゆで卵を加え、さらに10分煮込む。

現地ではかなり辛いカレー。辛いほど美味しいので調節してみて。

143—196

料理から見える世界 12

不思議な国の不思議な料理

エチオピアといえばコーヒー豆？ それともマラソン選手？ 最近のエチオピアを報じるニュースでは紛争や難民などの文字が目立ちますが、本当のエチオピアはとってもおもしろい国なんです。

エチオピアは国土のほとんどが高原。だからコーヒー豆の栽培が可能で、高級な豆が採れます。また、日常が高地トレーニングのようなもので、マラソンのアスリートもたくさん輩出しています。

それだけではありません、エチオピアはアフリカの中で唯一、どこかの植民地にされたことがなく、独立を貫いた国。そのため独自の文化が発達しており、信じられないようなこともあります。

例えばエチオピアの暦は1年が13ヵ月もあったり、標準時間が他国と6時間ずれていたりもします。「どうやって暮らしているの？」と驚きますが、これがこの国のスタンダード。

食べるものも一風変わったものが多いエチオピア。主食なのにとっても酸っぱい「インジェラ」というクレープ。さらに、偽バナナとも言われる「エンセーテ」という植物からつくった、もちもちしたパンなど、他の国では見たことがないような料理を食べることができます。これもどこかに支配されていないから残った独特の文化なんですね。

ギニアビサウ

料理名 ピーナッツソース

オクラとピーナッツのソース

35 min

ギニアビサウではピーナッツソースを
ごはんにかけていただきます。
日本でいうと「とろろごはん」といったところでしょうか。

材料（2人分）

A
- オクラ…10本（輪切り）
- 玉ねぎ…1/2個（薄切り）

- オリーブオイル…大さじ1
- 水…2カップ（400cc）

B
- ピーナッツバター…大さじ3
- 塩…小さじ1/2

作り方

1. 鍋に油を熱し、Aを中火でしんなりするまで炒める。水を加え、一煮立ちさせる。アクを取り、Bを加え、弱火で20分煮込む。
2. 火を止め、粗熱がとれたらミキサーにかける。
3. 再び鍋に移し、中火で5分温める。

アドバイス！
ピーナッツとオクラはどちらも栄養たっぷり。ごはんにかけてたくさん食べて。

リビア

料理名

ババガヌージュ

ラマダン明けの茄子とゴマのペースト

20 min

料理の前菜としてよく出される、なすのペーストです。
焼きなすの風味がたまりません。
冷たいディップとしてパンと食べるのがおすすめ。

材料（2人分）

なす　1本

A
- にんにく（おろし）…小さじ1/2
- 練りごま…大さじ1
- レモン汁…小さじ2
- クミン…小さじ1
- 塩…小さじ1

オリーブオイル…大さじ1

作り方

1 魚焼きグリルで、なすを皮のまま焼く。真っ黒になるまで焦げ目をつける。

2 皮をむき、粗熱をとったら、包丁でたたいて細かくミンチ状にする。

3 ボウルに2とAを入れて、よく混ぜる。オリーブオイルを回しかける。

アドバイス!
胃にやさしく、ラマダン明けに食べるメニューとして各家庭でつくられています。

シエラレオネ

料理名 ジョロフライス

手羽元とトマトのピリ辛炊き込みごはん

50 min

西アフリカでよく食べられている炊き込みごはん。
一度焼いた手羽元が香ばしくて美味しい。
肉の種類を変えてつくっても味わいが変わります。

材料（2人分）

にんにく（みじん切り）…1/2本
手羽元…4本
オリーブオイル…大さじ3
玉ねぎ…1/2個（みじん切り）

A
パプリカ（赤・黄）…各1/4個（細切り）
ピーマン…1/2個（細切り）

B
米…1合（洗っておく）
カレー粉…小さじ1/2

C
カットトマト…1/4缶
水…1カップ（200cc）
塩…小さじ3/4

作り方

1 土鍋に油を熱し、中火でにんにくを炒める。香りが出てきたら手羽元を加え、焼き色を付ける。手羽元は一度取り出す。

2 同じ鍋に玉ねぎを入れて、中火でしんなりするまで炒める。Aを加え、5分炒める。Bを加え、さらに5分炒める。

3 Cを加え、混ぜながら弱火で5分煮込む。

4 1を戻し、フタをして、15分煮込む。

アドバイス!
現地では、お祭りのときのちょっと贅沢な料理。大勢でつくと美味しいですよ。

ブルキナファソ

料理名

ライス・ウィズ・ミンスド・ビーフ

タイ米でつくりたい牛ひき肉の混ぜごはん

西アフリカは、実は
お米が主食の国も多い。

40 min

材料（2人分）

にんにく（みじん切り）…1/2かけ
オリーブオイル…大さじ2

A
牛ひき肉…100g
パプリカ（赤・黄）…各1/8個（みじん切り）
ピーマン…1/2個（みじん切り）
タイ米（日本米）…1合（洗っておく）

B
水…200cc
塩…小さじ1

作り方

1 フライパンに油を熱し、中火でにんにくを炒める。香りが出てきたら、Aを加え、色が変わるまで炒める。

2 米を加え、さらに米が透きとおってくるまで炒める。

3 Bを加え、フタをして、弱火で15分炊く。

アドバイス！ 日本米でもできますが、ぜひタイ米で。パラパラ食感を楽しんでください。

ナミビア

料理名 ソーセージ&チップス

ソーセージとポテトフライ

148／196

20 min

ドイツ占領下に広まったのが、ソーセージとビールの文化です。

材料（2人分）

ソーセージ…2本
じゃがいも…2個（拍子切り）
塩…小さじ1

作り方

1 ソーセージを弱火で15分ゆでる。
2 180度の油でじゃがいもを3分揚げ、冷めないうちに塩を振っておく。
3 ソーセージとフライドポテトを盛り付ける。

ガーナ

料理名 カクロ

一味をきかせたバナナフライ

149／196

10 min

スパイシーな料理が多いガーナでは、おやつもスパイシー。

材料（2人分）

A
完熟バナナ…4本
溶き卵…1/2個分
玉ねぎ…大さじ1（みじん切り）
しょうが（おろし）…小さじ1/2

小麦粉…大さじ4
一味唐辛子…小さじ1/2
ピーナッツ…適量

作り方

1 ボウルにAを入れ、つぶしながら混ぜる。
2 スプーンですくって、180度の油にそっと落とし、5分ほど揚げる。
3 ピーナッツを添える。

アドバイス！ 豪快に混ぜて揚げるだけの超かんたんオヤツ。シナモンをきかせても美味しい。

ハンバーグよりかんたん

南アフリカ

料理名 ボボティー

手間いらずの肉汁ミートローフ

70 min

ドライフルーツを混ぜ込んだカレー味のミートローフ。型に詰めて焼くだけなのでハンバーグよりかんたん。溢れる肉汁がそのまま最高のソースになっています。

材料（2人分）

A

にんにく（おろし）…小さじ1/2

しょうが（おろし）…小さじ1/2

玉ねぎ…1/4個（みじん切り）　レーズン…30g

B

合びき肉…300g

パン粉…30g　牛乳…30g

スライスアーモンド…小さじ1（砕く）

カレー粉…小さじ1/2

ターメリック…小さじ1/2

ブラウンシュガー（三温糖）…小さじ1

塩・胡椒…小さじ1/2

バター…大さじ1（12g）

溶き卵…2個分

作り方

1 フライパンにバターを熱し、中火でAを玉ねぎが茶色になるまで炒める。粗熱をとる。

2 ボウルに1とBを入れ、よくこねる。

3 耐熱皿にバターを塗り、2をきっちりと平らに詰める。

4 表面に溶き卵を流し、190度のオーブンで40分焼く。

アドバイス！ ブラウンシュガーがなければ、普通の砂糖や三温糖でOKです。

ケニア

料理名 スクマウィキ・ナ・ニヤマ・ヤ・ンゴンベ

栄養満点！ケールと牛肉のシチュー

80 min

ケールが主役の栄養満点のシチューです。
煮込むとまったくクセがなくなって、
キャベツや白菜のようにたくさん食べられます。

材料（2人分）

A
- 牛もも肉…150g（サイコロ大）
- 水…1カップ（200cc）
- 玉ねぎ…1/2個（薄切り）
- オリーブオイル…大さじ2

B
- カットトマト…1/2缶
- カレー粉…小さじ1/2
- 塩…小さじ1

- ケール…100g（千切り）

作り方

1 鍋にAを入れて、一煮立ちさせる。アクを取り、弱火で40分ゆでる。

2 別の鍋に油を熱し、中火で玉ねぎをしんなりするまで炒める。Bと1をゆで汁ごと加え、中火で15分煮込む。

3 ケールを加え、弱火で15分ほど煮込む。

アドバイス！ ケールは青汁のイメージがありますが、火を通すと苦みがまったくなくなります。

メロンの種、
おいとかなきゃ！

ナイジェリア

料理名 エグシ・シチュー

メロンの種と鶏肉のシチュー

55 min

「エグシ」とは現地の瓜科の植物で、
種しか食べないそうです。
日本でいちばん近いのは、メロンの種です。

材料（2人分）

A
鶏もも肉…1/2枚（角切り2㎝）
水…1/2カップ（100cc）
メロンの種…大さじ5

B
干しエビ…30g
玉ねぎ…1/2個（粗みじん切り）
パームオイル（オリーブオイル）…大さじ3

C
カットトマト…1/2缶
ほうれん草…1/2束（千切り）
塩…小さじ1

作り方

1 鍋にAを入れて、一煮立ちさせる。アクを取り、弱火で10分ゆでる。
2 Bをフードプロセッサーで粉々にする。
3 別の鍋で油を熱し、中火で玉ねぎをしんなりするまで炒める。
4 2とC、1を汁ごと加え、弱火で30分煮込む。

アドバイス！ メロンの種は市販にないので、生のメロンの種を乾燥させて使いましょう。

中央アフリカ

料理名 フィッシュ サラダ

焼き魚のさっぱりサラダ

20 min

焼き魚を生野菜とマリネしてサラダに仕立てた料理。
ミスマッチかと思いきや、
玉ねぎのシャキシャキ感とトマトの酸味が絶妙です。

材料（2人分）

サワラ…4切れ
オリーブオイル…大さじ2
A
玉ねぎ…1/4（薄切り）
トマト…1/2個（薄切り）
ピーマン…1/2個（細切り）
塩・胡椒…少々

作り方

1 サワラに塩・胡椒（分量外）を振る。フライパンに油を熱し、中火でサワラを表裏5分ずつ、焼き色が付くまで焼く。

2 皿に盛り付け、Aをのせ、塩・胡椒を振る。

アドバイス！
サワラがなければ、アジでつくってもおいしいですよ。

タンザニア

料理名

サバの漁師スープ

スープ・ヤ・サマキ

40 min

サバをとても美味しく食べられる漁師料理。
かんたん＆材料も少ないので、
ご家庭の定番料理の1つに加えてみてください。

材料（2人分）

- サバ（アジ）…4切れ
- A
  - 玉ねぎ…1/2個（薄切り）
  - にんじん…1/2本分（いちょう切り）
  - カットトマト…1/2缶
  - レモン…輪切り5㎜2枚（4等分）
- 塩…小さじ1
- 胡椒…少々
- 水…適量

作り方

1 鍋にサバを広げて置き、Aを順にのせ、塩・胡椒を振る。

2 具がひたひたになるくらいの水を加え、一煮立ちさせる。アクを取り、弱火で30分煮込む。

アドバイス！
具材を重ねて煮込むだけ。弱火で煮込むと、魚がふっくら仕上がります。

コトコト……
コトコト……

スーダン

料理名

バミヤ

オクラが主役の牛肉煮込み

90 min

牛肉の煮込みにオクラのとろみがプラスされて、
とっても体が温まります。
じっくり時間をかけて煮込んだ
お肉や野菜の旨味は格別。

材料（2人分）

A
- 牛もも肉…100g（一口大）
- 水…1カップ（200cc）

- 玉ねぎ…1/2個（薄切り）
- オリーブオイル…大さじ3

B
- オクラ…10本（輪切り）
- カットトマト…1/2缶

C
- クミン…小さじ1
- 塩…小さじ1

作り方

1 鍋にAを入れ、一煮立ちさせる。アクを取り、弱火で40分ゆでる。

2 別の鍋に油を熱し、中火で玉ねぎを茶色になるまで炒める。

3 Bと1をゆで汁ごと加え、一煮立ちさせる。アクを取り、Cを加え、弱火で30分ほど汁気がなくなるまで煮込む。

アドバイス！

煮込めば煮込むほど、牛肉とオクラが柔らかくなって美味しくなります。

料理から見える世界 13

国境で食は切り離せない

アフリカの国の数は現在54ヵ国（日本政府が承認しているもの）もあります。2011年にスーダンと南スーダンが分裂し、国が1つ増えて現在の数になったのです。

その際、スーダンの料理と南スーダンの料理をどうやって決めたらいいか迷いました。もともとは同じ国ですから、国が分かれたとしても食は切り離せない。国境付近では同じようなものを食べているかもしれないし、同じ国の中でも砂漠地帯と熱帯雨林では別のものを食べているかもしれません。悩んだ末に、結局は日本人の舌に合いそうな2品を選びました。

料理にかぎらず、その国の特徴を一言で紹介するのは容易ではありません。この国がこうだ、というよりも、その地域の環境的な特徴や民族の特徴によって、その土地で食べるものや文化は変わってきます。

この本をパラパラとめくると、使っている食材や調理方法が地域によって徐々に移り変わっていく様子がなんとなくわかってくるのではと思います。

たとえばアフリカではピーナッツやオクラが多かったり、バルカン半島ではひき肉料理が多かったり。逆に遠く離れた国で同じような料理が食べられていたり。このことを知っていると、世界を見る目が少し変わってきますよ。

インド洋の
島の
料理
なんだって

コモロ

料理名 フィッシュ・シチュー

カツオのトマトソース煮

45 min

トマトスープに魚の旨味が溶け出したシチュー。
冬のランチにあると嬉しい一品です。
煮込む前に一度魚を炒め、旨味を引き出しています。

材料（2人分）

A
- にんにく（みじん切り）…1かけ
- 玉ねぎ…1/2個（みじん切り）

オリーブオイル…大さじ2

B
- カツオ…200g（一口大）
- じゃがいも…1個（乱切り）
- カットトマト…1/2缶

C
- 塩…小さじ1
- 胡椒…少々

作り方

1 鍋に油を熱し、中火でAをしんなりするまで炒める。Bを加え、さらに5分炒める。

2 Cを加え、一煮立ちさせる。アクを取り、弱火で30分煮込む。

アドバイス！

ほかの魚でもつくれますが、赤身の身崩れしにくい魚を選びましょう。

トーゴ

料理名 モイモイ

豆とツナと野菜の蒸しもの

60 min

ブラックアイビーンズ（黒目豆）は大豆に似た豆です。
食感はおからのように、しっとりほろほろ。
カレー味でパクパク食べれて、腹持ちもいいです。

材料（2人分）

- ブラックアイビーンズ（大豆）…100g（一晩水に浸す）
- A
  - ツナ缶（オイル）…1缶
  - 玉ねぎ…1/2個
  - トマト…1/2個
  - カレー粉…小さじ1
  - 塩…小さじ1
- ゆで卵…2個（2等分）

作り方

1 豆の外皮をこすって、できるだけ取りのぞく。

2 鍋に豆をまるごと入れて、中火で30分柔らかくなるまで煮る。

3 フードプロセッサーに2とAをかけて、なめらかにする。

4 陶器の器に4等分し、ゆで卵を半分隠れるくらいまで差し込む。蒸し器に入れて、弱火で40分蒸す。

アドバイス！ ブラックアイビーンズは「パンダ豆」ともい言われ、輸入食材店で購入できます。

スワジランド

料理名

マトン・シチュー

アフリカ南部の羊肉のシチュー

110 min

スワジランドの伝統料理、羊肉を使ったシチュー。しょうがとカレー粉で羊肉の臭みもなく、美味しくいただけます。

材料（2人分）

A
- 羊肉（牛もも肉）…100g（サイコロ大）
- 水…1カップ（200cc）

B
- にんにく（みじん切り）…1かけ
- しょうが（みじん切り）…1かけ
- 玉ねぎ…1個（みじん切り）

- オリーブオイル…大さじ3
- カレー粉…30g

C
- カットトマト…1/2缶
- 塩…小さじ1
- 胡椒…小さじ1/2

作り方

1 鍋にAを入れ、一煮立ちさせる。アクを取り、弱火で40分ゆでる。

2 別の鍋に油を熱し、弱火でBを30分じっくりと炒める。カレー粉を加え、香りが出るまでさらに炒める。

3 1とCを加え、一煮立ちさせる。アクを取り、弱火で30分煮込む。

アドバイス！ 下ゆでのときはもちろん、煮込むときもこまめにアクを取りましょう。

モザンビーク

料理名

フライド・プラウンズ

手で食べたい海老のスパイスオイル焼き

45 min

材料をマリネしたらオーブンに入れて焼くだけ。エビの旨みを香り高いハーブが引き立てます。そのまま手で食べちゃいましょう。

材料（2人分）

有頭海老…12尾

A
- オリーブオイル…50cc
- にんにく（おろし）…1かけ（小さじ1）
- エストラゴン（あれば）…小さじ1/2
- オレガノ…小さじ1/2
- タイム…小さじ1/2
- 塩…小さじ1/2
- 胡椒…小さじ1/4

作り方

1 海老の足と頭を取る。（殻はむかない）

2 ボウルに1とAを入れて、よく混ぜ、冷蔵庫で30分漬ける。

3 200度のオーブンで5分、赤く色付くまで焼く。

アドバイス！ ハーブは乾燥でも生でもOK！ きちんと寝かせれば香りが海老に浸透します。

“アジア”をおうちで

ASIA

西は中東諸国、東は日本、南はインドネシアの島々まで、その文化は多種多様です。一般的には東南アジアのスパイスをふんだんに使った料理や、中華料理が「アジア料理の代表」と言われます。比べてみると、私たち日本の料理はアジアの中でも少し変わった存在ということがわかりますね。

ハーブやスパイス使いが巧みな、これでもか！と食欲をそそられるアジアの食堂へようこそ！

イエメン

料理名 レモン・スパイシー・チキン

鶏肉のレモン煮込み

40 min

唐揚げにはレモン、のとおり鶏肉との相性は抜群。
仕上げではなく最初にレモンをなじませるのが、
この料理のポイントです。

材料（2人分）

鶏もも肉…2枚（一口大）
レモン汁…大さじ2
A にんにく（みじん切り）…2かけ
玉ねぎ…1個（薄切り）
オリーブオイル…大さじ2
B カットトマト…1/4缶
ヨーグルト…大さじ3
塩…小さじ1

作り方

1 鶏肉にレモン汁を回しかけ、塩を振り、10分置く。

2 鍋に油を熱し、中火でAをしんなりするまで炒める。

3 1とBを加え、弱火で20分煮込む。アクを取り、塩で味をととのえる。

アドバイス! レモンの酸味が味の決め手なので、たっぷりとしぼって使いましょう。

今日はアジアのごちそう

マレーシア

20 min

マレー半島で食べられているアジアン焼きそば。
日本のものより甘辛く、パンチのある味わい。
「サンバル」は現地では基本の辛味調味料です。

料理名 ミーゴレン

やみつきマレー風焼きそば

材料（2人分）

- 鶏もも肉…50g
- A キャベツ…1/2個（ざく切り）
- A もやし…1/2袋
- サラダ油…大さじ1
- 焼きそば麺…2玉
- B しょうゆ…50cc
- B 黒糖…50g
- B サンバル（豆板醤）…小さじ1/2
- ピーナッツ（飾り用）…適量（砕く）

作り方

1 鶏肉をゆで、細かく割く。
2 フライパンに油を熱し、強火でAをしんなりするまで炒める。1と焼きそば麺、Bを加え、中火でタレが煮詰まるまで炒める。
3 皿に盛り付け、ピーナッツをちらす。

アドバイス！

現地ではケチャップマニスという調味料を加えます。今回はしょうゆと黒糖で代用。

161／196

ベトナム

10 min

外はさっくり、中はもっちりの揚げ春巻き。
ひき肉使っているので餃子に近いジューシーさです。
あまずっぱくて辛いつけダレもやみつきの美味しさ。

料理名 チャージョー

サクモチ揚げ春巻き

材料（2人分）

- 春雨…50g（5㎝）
- キクラゲ…3g（みじん切り）
- A 豚ひき肉…100g
- A にんじん…1/4本（みじん切り）
- A にんにく（おろし）…小さじ1/2
- A ナンプラー…大さじ1
- ライスペーパー…8枚
- B 酢…大さじ3
- B ナンプラー…大さじ1
- B 一味唐辛子…小さじ
- B 砂糖…大さじ1

作り方

1 春雨とキクラゲを水で戻し、カットする。
2 ボウルに1とAを入れて、よく混ぜる。
3 別のボウルに水をたっぷり張り、ライスペーパーを5秒ほど浸けてから、タオルで挟んで水気をとる。8等分した2をのせて包む。
4 160度の油で10分じっくりと揚げる。Bを合わせたつけダレを添える。

アドバイス！

ライスペーパーは小さいサイズのものを探しましょう。

162／196

ヨルダン

料理名

マンサフ

サフランライス ヨーグルト煮込みのせ

65 min

ヨーグルトソースで肉を煮込む伝統的な料理。
サフランライスにかけて食べるのが一般的。
「マンサフ」は現地語で「大きな皿」という意味だそう。

材料（2人分）

A
- 米…1合（洗っておく）
- 水…1カップ（200cc）
- サフラン…5本
- 塩…小さじ1/2

B
- 羊肉（牛もも肉）…200g（一口大）
- 水…2と1/2カップ（500cc）

C
- ヨーグルト…200g
- カルダモン…小さじ1/2
- クミン…小さじ1/2
- シナモン…小さじ1/4
- 塩…小さじ1/2

作り方

1. 炊飯器にAを入れて、15分浸してから炊く。
2. 鍋にBを入れて、中火で30分煮る。Cを加え、さらに弱火で15分煮込む。
3. 1を皿に盛り付け、2をかける。

アドバイス！ ヨーグルトとサフランライスという組み合わせがとっても合うんです。

やさしいのに
スパイシー！

ブータン

料理名 シャモ・ケワ・ダツィ

きのことじゃがいものチーズ煮込み

世界一唐辛子を消費するブータンの煮込み料理。
見かけによらず、スパイシー。
辛さもあいまって体の芯から温まります。

30 min

材料（2人分）

じゃがいも…2個
きのこ類…500g
玉ねぎ…1/2個（薄切り）
にんにく（みじん切り）…1かけ
しょうが（みじん切り）…1かけ
ミックスチーズ…100g
水…1/2カップ（100cc）
サラダ油…大さじ1
一味唐辛子…小さじ1
塩…小さじ1

作り方

1 じゃがいもをゆで、2cmの角切りにする。

2 鍋に材料をすべて入れて、弱火で混ぜながら15分煮込む。（じゃがいもが柔らかくなり、チーズが溶けてもたっとすれば完成）

アドバイス！ 野菜として唐辛子をモリモリ食べるブータン。この料理の辛さはまだやさしい方。

口の奥がキュッとなる

フィリピン

料理名

豚肉の酸っぱいスープ

シニガンスープ

60 min

口がキュッとなるぐらい酸っぱいスープ。
具材は野菜やシーフードを使ったものがありますが、
豚肉がいちばん王道です。
夏の暑い日も先にこれを食べれば食欲がわきます。

材料（2人分）

A
豚ロース肉…2枚（一口大）
オクラ…4本（ヘタを切る）
大根…1/2本（いちょう切り）
トマト…1/2個（ざく切り）
なす…1本（短冊切り）
水…2カップ（400cc）

B
レモン汁…大さじ2
ナンプラー…大さじ1
塩…小さじ1/2

作り方

1 鍋にAを入れて、中火で20分煮込む。
2 Bを加え、一煮立ちさせる。アクを取り、弱火で30分煮込む。

旨味が足りないなーと思ったら、ナンプラーを少し多めに足してください。

165／196

料理から見える世界 14

酸味にはいいことばかり

そもそも、なぜこんなに酸っぱいスープができたのでしょう？ それはタマリンドという熱帯地域の酸っぱい果物があって、それを使っているから。

レシピではレモンで代用していますが、本場のタマリンドはマメ科の植物。熱帯に住むキツネザルたちの大好物なのですが、調味料は一度発酵させて、さらに酸っぱくなったものを使います。

「酸っぱい」というのはいいことが2つあります。1つは腐りにくくなること。もう1つは、暑いときにも食欲が増進すること。これは暑い国ならではの知恵ですね。

ほかにも、ミクロネシアのチキンアドボ（P.108）という煮込み料理もたっぷりお酢を使っています。ドイツのザワークラウトもキャベツを発酵させた酸っぱい保存食。食べ物を美味しく保存する知恵は世界中にあるんですね。

路上で果物を販売していた露天商。街中を歩けば目にするのは珍しいフルーツばかり

料理修行の滞在中によく利用した串焼きの屋台。豚や牛、鶏など種類が豊富で人気でした

スリランカ

料理名

パリップカレー

赤レンズ豆のやさしいカレー

50 min

レンズ豆は水戻しが不要で便利な食材です。
数種のスパイスを使用しますが、
どこかやさしい味が漂う豆カレーです。

材料（2人分）

にんにく（みじん切り）…1かけ
サラダ油…大さじ1

A
カイエンペッパ…小さじ1/2
クミン…小さじ1
シナモン…小さじ1/2

B
赤レンズ豆…100g
カットトマト…1/4缶
水…2と1/2カップ（500cc）

塩…小さじ1
胡椒…小さじ1/2

作り方

1 鍋に油を熱し、弱火でにんにくを香りが出てくるまで炒める。Aを加え、スパイスの香りが出てくるまでさらに炒める。

2 Bを加え、弱火で30分豆が柔らかくなるまで煮込む。塩・胡椒で味をととのえる。

アドバイス！ レンズ豆が気に入ったら、スープやサラダにも加えてみましょう。

テンペって
なんだ?

東ティモール

料理名

カリー・テンペ

テンペのココナッツカレー

25 min

納豆を固めたようなインドネシアの食材、テンペ。
揚げると表面がサクサクして美味しい。
クセがないので、お肉の代わりにカレーに入れて。

材料（2人分）

A
- にんにく（おろし）…小さじ1/2
- しょうが（おろし）…小さじ1/2
- 玉ねぎ…1/2個（粗みじん切り）

サラダ油…大さじ1

B
- カットトマト…1/2缶
- ココナッツミルク…1カップ（200cc）

C
- 塩…小さじ1
- サンバル（豆板醤）…小さじ1
- ターメリック…小さじ1/2
- ガラムマサラ…小さじ1/2
- クミン…小さじ1/2
- コリアンダー…小さじ1/2

テンペ…100g（一口大）

作り方

1 鍋に油を熱し、中火でAをしんなりするまで炒める。Bを加え、一煮立ちさせる。アクを取り、Cで味付けし、弱火で5分煮込む。

2 テンペを180度の油で5分揚げる。

3 1の中へ2を加える。

アドバイス!

納豆のように粘りや臭みはなく、お肉の代用としてけっこう使える食材です。

カリカリ！
じゅわ〜

カンボジア

料理名

ひき肉のせ揚げパン

ノムパンチェン

30 min

フランスパンに具材をのせて揚げた料理。
甘辛くて、カリカリで、子どもが大好きな味です。
カンボジアは意外にも、
フランス統治の名残からパンが美味しい国です。

材料（2人分）

- 春雨…15g（2cm幅）
- キクラゲ…3g（千切り）
- A
  - 豚ひき肉…150g
  - 溶き卵…1/2個分
  - にんじん…1/4本（みじん切り）
  - にんにく（おろし）…小さじ1/2
  - ナンプラー…大さじ1
  - 塩…小さじ1/2
- バゲット…6枚（輪切り2cm）

作り方

1 春雨とキクラゲを水で戻してカットする。

2 ボウルに1とAを入れて、よく混ぜる。

3 バゲッーに2を塗りつけ、180度の油で、塗りつけた面を下にして7分揚げる。ひっくり返し、パンの方もカリッとするまで揚げる。

アドバイス！ バゲットが油を吸いやすいので、新しい油を使いましょう。

168／196

料理から見える世界 15

フランスパンが家庭の味？

「カンボジアに行って、フランスパンの美味しさに驚いた」という話をよく聞きます。東南アジアの真ん中にあるカンボジアでフランスパン？　しかし、街中ではフランスパンがごく当たり前に食べられています。

その理由はフランス植民地時代の名残りが今も生活に根付いているから。首都のプノンペンにはフランス風の建築が立ち並び、東洋のパリとも呼ばれています。

このノムパンチェンもフランスの影響の1つ。カンボジアの屋台では必ずと言っていいほどフランスパンを使った料理があり、肉やパテなどを挟んだサンドイッチが売られています。家庭でもよくつくられる料理で、フランスパンが家庭の味にまで浸透しているのがわかります。

ちなみにベトナムも同じくフランス領の名残りがあり、バインミーというフランスパンのサンドイッチが有名です。お店でフレンチ式コーヒーを飲んでもすごく美味しいんですよ。

日本ではフランスパンを家庭料理に使う発想はありませんが、ぜひご家庭でも試してみてください。

滞在中に訪れた遺跡「アンコール・トム」。ガイドの青年と何度も訪れたのもいい思い出です

インド

料理名 コルマ

スパイスからつくる本場の羊肉カレー

169／196

70 min

トマトとスパイスのさわやかな辛さが特徴の本格カレー。

材料（2人分）

A
- にんにく（おろし）…小さじ1
- しょうが（おろし）…小さじ1
- 玉ねぎ…1個（薄切り）

- サラダ油…大さじ2
- 羊肉（牛もも肉）…200g

B
- カットトマト…1/2缶
- トマトケチャップ…大さじ2
- ガラムマサラ…小さじ1
- クローブ…小さじ1/2
- パプリカパウダー…大さじ1

- 塩…小さじ1
- 黒胡椒…小さじ1/2

作り方

1 フライパンに油を熱し、弱火でAを30分じっくりと炒める。

2 羊肉を加え、中火で5分焼き色が付くまで炒める。

3 Bを加え、弱火で30分煮込む。塩・胡椒で味をととのえる。

バングラデシュ

料理名 ココナッツ・イリッシュ

サバのココナッツカレー

170／196

50 min

ココナッツのカレーにはサバやブリを合わせて。

材料（2人分）

- 玉ねぎ…1/2個（薄切り）
- サラダ油…大さじ1

A
- カイエンペッパー…小さじ1/2
- カルダモン…小さじ1/2
- クミン…小さじ1
- コリアンダー…小さじ1
- ターメリック…小さじ1

B
- サバ…2切れ
- 水…1/2カップ（100cc）

- ココナッツミルク…1と1/2カップ（300cc）
- 塩…小さじ1
- 胡椒…小さじ1/2

作り方

1 鍋に油を熱し、中火で玉ねぎをしんなりするまで炒める。

2 Aを加え、香り出てきたらBを加え、中火で15分煮込む。

3 ココナッツミルクを加え、弱火で15分煮込む。塩・胡椒で味をととのえる。

大人も子どもも大好き！

トルコ

料理名

大好き！中東の煮込みハンバーグ

イズミール・キョフテ

大きめの肉団子をさっぱりしたトマトソースで柔らかく煮込んだ料理。「キョフテ」とは中東地域でミートボールをさす言葉です。

70 min

材料（2人分）

A
にんにく（みじん切り）…1かけ
玉ねぎ…1/2個（みじん切り）
オリーブオイル…大さじ1

B
カットトマト…1缶
水…100cc

C
合びき肉…150g
玉ねぎ…1/2個（みじん切り）
卵…1/2個
牛乳…大さじ1　パン粉…ひとつかみ
塩…小さじ1/2　胡椒…少々

作り方

1 トマトソースをつくる。鍋に油を熱し、中火でAをしんなりするまで炒める。Bを加え、一煮立ちさせる。弱火にして、塩・胡椒をして20分煮込む。

2 肉団子をつくる。ボウルにCを入れて、ひとまとめになるまでこね、5㎝のラグビーボール型に丸める。

3 1に2を加え、中火で30分煮込む。

アドバイス！
世界三大料理のトルコ料理だけあって、味は折り紙つきです。

10 min

主食のはずのパスタを
お菓子にするユニークな料理。

おもしろ〜い

オマーン

料理名　セヴィヤ

細いパスタのデザート

172／196

材料（2人分）

細めのパスタ…100g
レーズン…30g
溶かしバター…30g
カルダモン…小さじ1/2
粉砂糖…大さじ2

作り方

1 パスタをゆで、冷水にとり、ざるで水を切ってボウルに移す。

2 材料をすべて加え、混ぜ合わせる。

70 min

しっかり冷やして、
カレーのおともに。

口の中がさっぱりする

クウェート

料理名　キューカンバー＆ヨーグルト

すりおろしキュウリとヨーグルトのサラダ

173／196

材料（2人分）

きゅうり…2本
ヨーグルト…200g
塩…小さじ1/2

作り方

1 きゅうりを皮のまま粗くおろす。塩を加え、冷蔵庫で1時間冷やす。

2 1の水気を切り、ヨーグルトと混ぜ合わせる。

おかわり！
もう1回！

中国

料理名 麻婆豆腐

中華料理屋の麻婆豆腐

174／196

40 min

日本に中華を普及させた陳健民さんの得意料理。

材料（2人分）

木綿豆腐…1丁

A
- 白ねぎ…1/2本（みじん切り）
- にんにく（みじん切り）…1かけ
- しょうが（みじん切り）…1かけ

サラダ油…大さじ1

豚ひき肉…50g

B
- 豆板醤…大さじ1
- 甜麺醤…大さじ1

C
- 酒…大さじ2
- しょうゆ…大さじ2
- 砂糖…小さじ1
- 塩・胡椒…少々
- 水…1カップ（200cc）

片栗粉…大さじ2（3倍の水でとく）

青ねぎ…適量　ごま油…大さじ1

作り方

1 豆腐を水切りし、サイコロ大に切る。

2 フライパンに油を熱し、中火でAを炒める。香りが出てきたら豚肉を加え、色が変わるまで炒める。Bを加え、さらに3分炒める。

3 Cを加え、一煮立ちさせたら1を加え、さらに一煮立ちさせる。水溶き片栗粉を加え、仕上げにごま油をたらし、ねぎをちらす。

春雨がぷりぷり！

韓国

料理名 チャプチェ

韓国風
牛肉と春雨の炒めもの

175／196

30 min

韓国春雨は緑豆春雨よりもっちりして弾力があります。

材料（2人分）

A
- 牛薄切り肉…50g（5cm幅）
- にんにく（おろし）…小さじ1/2
- ごま油…小さじ1
- しょうゆ…大さじ2
- 砂糖…小さじ1

韓国春雨（ゆで）…100g（5cm幅）

B
- にんじん…1/4本（千切り）
- しょうゆ…大さじ1
- 砂糖…小さじ1
- 塩…少々

すりごま…適量

作り方

1 ボウルにAを入れて、よく混ぜ、冷蔵庫で10分漬ける。

2 フライパンを熱し、強火で1を漬け汁ごと炒め、火が通ったら一度取り出す。

3 同じフライパンに韓国春雨とBを加え、中火で5分ほど炒める。2を加え、和える。すりごまを振る。

シャキ
シャキ！

シリア

料理名

ファスリーエ
インゲンが主役のトマト煮込み

40 min

インゲンの旬は6月から9月。
季節になったらぜひつくってみてください。
シリアの家庭料理で、
スープはサラサラと食べられます。

材料（2人分）

A
にんにく…1かけ（みじん切り）
牛ひき肉（あれば羊ひき肉）…100g
玉ねぎ…1/2個（みじん切り）
ピーマン…1個（みじん切り）
オリーブオイル…大さじ1

B
インゲン…400g（5cm幅）
カットトマト…1缶
水…1/2カップ（100cc）
塩・胡椒…少々

作り方

1 フライパンに油を熱し、中火でAを5分炒める。
2 Bを加え、弱火で30分煮込む。

アドバイス！ インゲンはシャキシャキ感を楽しんでもいいし、クタッとさせても美味しい。

料理から見える世界 16

心があったまるスープ

中東にあるシリアの料理です。内戦が続くこの国からは今も多くの人が国外へ逃げています。このレシピは、そんなシリアから日本に逃れてきたとあるお母さんと出会い、教えてもらった料理です。

彼女の子どもたちは日本の学校に通っていますが、イスラム教の彼らは宗教上の理由で給食をほとんど食べることができません。そこでわたしは、子どもたちが食べられる料理をレトルトにして、彼女たちの生活に貢献できないかと思ったのがそのご家族に会うことになったきっかけです。

兵庫県に住んでいる彼女たちに会いにいったときのこと。実際にお会いしてみると、とってもきれいでやさしいお母さんで、子どもたちも気さくで明るくていい子たちでした。

シリアの紛争から逃げてきた家族だから、どこか不幸な影があるんじゃないか、というわたしの勝手なイメージとは正反対でした。もちろん彼女たちはいつ本国に送還されてしまうかもわからない、という大変な状況ではありましたが、それをなげくこともなく、前向きな姿に心打たれました。

このファスリーエは普段からお母さんがつくっている、子どもたちのいちばん好きな母親の味です。早く内戦が終わり、元の食卓でみんながこの料理を囲む日が戻ることを祈っています。

暑い日でも食べられる

アラブ首長国連邦

料理名

シチャワマ

牛肉のオーブン焼き さっぱり味

150 min

お酢がよくきいた中東の肉料理。
マスタードとシナモンが隠し味です。
下味をつけておけば、あとは焼くだけでとても手軽。

材料（2人分）

A

- 牛薄切り肉…300g（5cm幅）
- 玉ねぎ…1/2個（すりおろし）
- 米酢…1/4カップ（50cc）
- フレンチマスタード…小さじ2
- シナモン…小さじ1/2
- にんにく（おろし）…小さじ1/2
- 塩…小さじ1/2

B

- 玉ねぎ…1/4個（薄切り）
- トマト…1/4個（薄切り）

作り方

1 ボウルにAを入れて、よく混ぜ、冷蔵庫で2時間漬ける。

2 1を耐熱皿に移し、Bをのせ、230度のオーブンで20分焼く。

アドバイス！ 酢と玉ねぎに漬けることで牛肉が柔らかくなります。

サウジアラビア

料理名

シーニーヤト・ホダール
ごろごろ野菜のオーブン焼き

30 min

きのこや野菜、肉を炒め煮してから、
オーブンで焼きます。
いろんな食材がごろごろ入っていて楽しい。

材料（2人分）

にんにく（みじん切り）…1かけ
オリーブオイル…大さじ2

A
玉ねぎ…1/2個（薄切り）
にんじん…1/2本（輪切り）
鶏むね肉…100g（一口大）
じゃがいも…1/2個（薄切り）

B
インゲン…6本（2等分）
エリンギ…1本（縦に割く）
オクラ…4本（2等分）
なす…1/4本（輪切り）

C
カットトマト…1/2缶
クミン…小さじ1
塩…小さじ1
胡椒…少々

作り方

1 鍋に油を熱し、弱火でにんにくを炒める。香りが出てきたらAを順に加え、強火でしんなりするまで炒める。

2 Bを加え、しんなりするまで炒める。Cを加え、さらに5分ほど炒める。耐熱皿に移し、230度のオーブンで15分焼く。

アドバイス！ オーブンで焼くことで、素材の味が凝縮されます。じっくり焼きましょう。

178／196

いい匂〜い

ネパール

料理名

ククラコ・マスゥ

鶏肉とトマトのスープカレー

50 min

ネパールのトマトチキンカレーです。
たくさんの種類のスパイスが入っていますが、
香り自体は強すぎず、子どもにもおすすめ。
酸っぱすぎずごはんがすすむ味です。

材料（2人分）

A
- にんにく（おろし）…大さじ1
- しょうが（おろし）…大さじ1
- 玉ねぎ…1/2個（薄切り）　ピーマン…1個（薄切り）

サラダ油…大さじ1
鶏もも肉…1枚（一口大）

B
- カットトマト…1/2缶
- カイエンペッパー…小さじ1/2
- ガラムマサラ…小さじ1　クミン…小さじ1
- コリアンダー…小さじ1　ターメリック…小さじ1

塩…小さじ1
胡椒…小さじ1

作り方

1 鍋に油を熱し、中火でAをしんなりするまで炒める。

2 鶏肉を加え、白っぽくなったらBを加え、弱火で30分煮込む。

3 塩・胡椒で味をととのえる。（煮詰まり過ぎたら水を加えて、適度なとろみに）

アドバイス！
水は入れずにトマトの水分だけでつくります。

179／196

料理から見える世界 17

貧しい国の豊かな笑顔

ネパールは、海外修行の旅でいちばん長く、4ヵ月ほどお邪魔していました。この国の人々はお隣のインドよりも人当たりが柔らかく、よく「インドからネパールに来るとほっとする」と言われるくらいです。

反面、「アジア最貧国」とも言われるネパール。人々の生活は厳しいですが、治安はそれほど悪くありません。これはやさしい国民性のおかげでしょうか。

このククラコマスゥはそんな毎日の中でも、ちょっとしたごちそうとしてつくられる料理。滞在した家庭の奥さんに教えてもらいました。インドに比べてスパイスは抑えめで、日本人の味覚にもよく合います。このやさしい味を食べると、ネパールのみんなのやさしい笑顔を思い出します。余談ですが、この滞在中に出会ったボランティアの女性が、今の私の妻です。

お邪魔していたご家庭でチャパティのつくり方を教えてもらっているところ

滞在中に知り合ったネパール人の学生。親切だけどはにかんだ感じが日本人と似ています

イスラエル

料理名

シャクシュカ

パプリカと半熟卵のトマトソース煮込み

35 min

シンプルなパプリカのトマト煮込みに
卵を落として、プチ贅沢な気分。
ビタミンたっぷりで風邪予防にも最適です。

材料（2人分）

A
- にんにく…1かけ（みじん切り）
- 玉ねぎ…1個（みじん切り）
- オリーブオイル…大さじ1

B
- パプリカ（赤、黄）…各1/2個（短冊切り）
- ピーマン…1個（短冊切り）
- カットトマト…1缶
- 塩・胡椒…少々

- 卵…2個

作り方

1 鍋に油を熱し、中火でAをしんなりするまで炒める。

2 Bを加え、一煮立ちさせる。アクを取り、弱火で20分煮込む。

3 生卵を重ならないように割り入れ、フタをして、弱火で5分煮込む。

アドバイス！ 半熟の卵は必須です。マイルドな味わいに仕上がります。

ミャンマー

料理名 チェッターアールヒン

ミャンマーのお母さんの肉じゃが

40 min

いつもの甘くてやさしい肉じゃがとは一味違った、ちょっぴりスパイシーな肉じゃが。スパイスが素材の味を引き出しています。

材料（2人分）

鶏もも肉…1枚（一口大）

A
- ターメリック…小さじ1
- 塩…小さじ1

B
- 玉ねぎ…1個（薄切り）
- にんにく（みじん切り）…1かけ
- しょうが（みじん切り）…1かけ

サラダ油…大さじ2

C
- じゃがいも…2個（乱切り）
- 水…1/2カップ（100cc）
- カイエンペッパー…小さじ1/2
- ナンプラー…大さじ2
- 塩…小さじ1/2
- 胡椒…少々

ガラムマサラ…大さじ1

作り方

1 鶏肉にAを揉み込み、冷蔵庫で20分置く。

2 鍋に油を熱し、Bを中火でしんなりするまで炒める。鶏肉を加え、白っぽくなるまで炒める。

3 Cを加え、一煮立ちさせる。アクを取り、弱火で20分煮込む。最後にガラムマサラを加える。

アドバイス！ 飽きずに食べられる味の秘密は、揉む、炒める、煮込む、この３ステップです。

このハーブが
アジアだね

ラオス

料理名

鶏肉となすのバジル炒め

オッカイ

30 min

バジルがたっぷり使われるラオス料理。
一口食べると爽やかな香りが口の中に広がります。
ごはんが欲しくなるおかずです。

材料（2人分）

A
- にんにく（みじん切り）…1かけ
- しょうが（みじん切り）…1かけ
- 玉ねぎ…1/2個（みじん切り）

サラダ油…大さじ1

B
- 鶏むね肉…300g（一口大）
- なす…2本（サイコロ大）
- バジル…一枝（粗みじん切り）

C
- 水…1/4カップ（50cc）
- ナンプラー…大さじ2

作り方

1 鍋に油を熱し、中火でAを炒める。香りが出てきたらBを加え、鶏肉が白っぽくなるまで炒める。

2 Cを加え、弱火で20分煮込む。

アドバイス！ レモングラスやこぶみかんの葉を刻んで入れると、より現地の味に近づきます。

イラン

料理名 コレシュエマス

ミートボールのヨーグルト煮込み

40 min

鶏団子をスパイスとヨーグルトで煮込んだ料理。
味は、酸味があってクリーミー。
お酒が飲みたくなる味です。

材料（2人分）

A
鶏ひき肉…200g　塩…小さじ1/2
胡椒…少々
サラダ油…大さじ1　玉ねぎ…1/2個（みじん切り）

B
ヨーグルト…300g
コーンスターチ…大さじ1（ヨーグルトと混ぜる）
水…50cc　カルダモン…小さじ1/3
クミン…小さじ1/3　サフラン…3本
シナモン…小さじ1/3
ターメリック…小さじ1/3
レモン汁…大さじ1　スライスアーモンド…適量

作り方

1 ボウルにAを入れて、よくこね、6等分のミートボールにする。

2 フライパンに油を熱し、中火で1を転がしながら焼き色を付け、一度取り出す。

3 同じフライパンで、中火で玉ねぎをさっと炒める。Bと一緒にミートボールを戻し、弱火で20分煮込む。塩・胡椒（分量外）で味をととのえ、レモン汁を加え、弱火でローストしたアーモンドをちらす。

アドバイス！ 肉をヨーグルトソースで煮込むスタイルは、中東では定番レシピです。

ポイッと
ひっくり返そう

イラク

料理名 マクルゥーバ

シナモン風味のなすと牛肉の炊き込みごはん

80 min

大きな鍋や炊飯器でつくる楽しい料理。
人が集まったときにふるまう料理で、
みんなのマクルゥーバ！ という掛け声でひっくり返します。
戦火の中でも美味しい料理は人を笑顔にします。

材料（2人分）

- なす…3本（皮をむきサイコロ大）
- オリーブオイル…大さじ2
- 牛もも肉…300g（サイコロ大）
- 米…2合
- 水…380cc
- A
  - 塩…小さじ1/2
  - シナモン…小さじ1/2
- スライスアーモンド…大さじ3

作り方

1 なすに軽く塩を振り（分量外）、15分置く。

2 フライパンに油を熱し、牛肉を入れ、塩を軽く振り（分量外）、中火で火が通るまで炒める。

3 1から出てきた水分をキッチンペーパーでふきとり、180度の油で7分ほど揚げる。

4 炊飯器に3と2を重ねて入れ、その上に米を加える。Aを混ぜた水を静かに加え、炊く。

5 焼き色を付けたスライスアーモンドをちらす。

なすの水分をしっかり取り、水っぽくならないようにするのがポイントです。

184／196

料理から見える世界 18

中東のパーティー料理？

イラクをはじめ、中東全般で食べられている、特徴的な料理です。この辺りの歴史は世界三大文明のメソポタミア文明から始まっており、食文化の歴史も約1万年も前からはじまったとされ、中華料理も真っ青な年月の積み重ねです。

そんな中東料理の中でも有名な「マクルゥーバ」。これは現地の言葉で「ひっくり返す」という意味。鍋の底に野菜を敷いてから炊いておき、みんなの前で「マクルゥーバ」の掛け声と一緒にポンっとひっくり返すと、わーっと歓声があがります。本場のイラクでも客人に対してのおもてなしや、親族みんなが集まった席でふるまわれることが多いです。

イラクのパーティーといっても想像がつかないかもしれませんが、日本でいうと、おめでたい席や法事などで親戚が集まったときに食べる、ちらし寿司のような感覚が近いかもしれません。

世界的に見ても、こうやってみんなの目の前でひっくり返す料理というのは珍しいです。ひっくり返したあとはケーキのような見た目なので、上に旗を立てたり、飾り付けをしてもいいですね。簡単にできて、みんなで声を合わせてひっくり返せば盛り上がるので、ぜひ何かの集まりのときには、腕をふるってみましょう。きっとゲストも喜ぶはずです。

パキスタン

料理名

チキン・ティカ・ボティ

鶏肉のスパイス焼き

135 min

スパイシーな鶏肉料理。
インドレストランの味を家で再現してみましょう。
しっかり味がついているので冷めても美味しい。

材料（2人分）

鶏もも肉…400g（一口大）
にんにく（おろし）…小さじ1/2
しょうが（おろし）…小さじ1/2
ヨーグルト…100g
カイエンペッパー…小さじ1/2
ガラムマサラ…小さじ1
クミン…小さじ1/2
塩…小さじ1

作り方

1 ボウルに材料をすべて入れて、よく混ぜ、冷蔵庫で2時間漬ける。

2 鉄串に刺して、230度のオーブンで10分、焼き色が付くまで焼く。

アドバイス！ 魚焼きグリルで焼く場合は中火で10分間。じっくり焼きましょう。

ブルネイ

料理名

アヤムゴレン

手羽元のから揚げ風 アジアン味

50 min

ナンプラーで煮込んでから揚げる、アジアの唐揚げ。
しっかり甘辛くつけられた下味と、
お肉のほろほろの柔らかさがたまりません。

材料（2人分）

手羽元…8本
水…2カップ（400cc）

A
ナンプラー…1/2カップ（100cc）
クローブ…4本
ローリエ…2枚
にんにく（おろし）…小さじ1/2
しょうが（おろし）…小さじ1/2
黒糖…50g

作り方

1 手羽元を強火で5分ゆで、流水できれいに洗う。

2 別の鍋に1と水を入れて、一煮立ちさせる。弱火にしてAを加え、30分煮込む。

3 手羽元を取り出し、230度のオーブンで10分焼く。

アドバイス！

手羽元、手羽先どちらでもいいので、ぜひ骨付きでつくってみてください。

モルディブ

料理名 マスリハ

天国にいちばん近い島のフィッシュカレー

107／196

30 min

インド沖にある島国の料理。
シチューに近い味わい。

材料（2人分）

A
- にんにく（みじん切り）…1かけ
- 玉ねぎ…1/4個（みじん切り）
- オリーブオイル…大さじ1

B
- カイエンペッパー…小さじ1/2
- カルダモン…小さじ1/2
- クミン…小さじ1/2
- シナモン…小さじ1/2
- ターメリック…小さじ1

- ココナッツミルク…2カップ（400cc）
- カツオ（マグロ）…100g（一口大）
- 塩…小さじ1と1/2
- 胡椒…少々

作り方

1 鍋に油を熱し、中火でAをしんなりするまで炒める。Bを加え、弱火で5分炒める。

2 ココナッツミルクを加え、一煮立ちさせたら中火にし、カツオを加える。塩・胡椒で味をととのえ、アクを取りながら弱火で15分煮込む。

アフガニスタン

料理名 カラヒィ・ゴシュト

羊肉のヨーグルトマリネ煮込み

188／196

110 min

ヨーグルトに漬け込んだお肉を
焼いて、トマトで煮込んだ料理。

材料（2人分）

A
- 羊肉（牛もも肉）…200g（一口大）
- ヨーグルト…大さじ2
- にんにく（おろし）…小さじ1
- しょうが（おろし）…小さじ1
- 塩・胡椒…小さじ1

B
- ピーマン…2個（細切り）
- カットトマト…1/2缶

- サラダ油…大さじ1

作り方

1 ボウルにAを入れて、よく混ぜ、冷蔵庫で1時間漬ける。

2 フライパンに油を熱し、中火で1を8分炒める。

3 2にBを加え、弱火で30分、混ぜながら煮込む。

バーレーン

料理名 サルーネ

鶏肉とかぼちゃのくたくた煮込み

189/196

25 min

なす、オクラ、かぼちゃ、トマト。夏野菜をじっくり煮込んだ料理。

材料（2人分）

A にんにく（みじん切り）1かけ
玉ねぎ…1/2個（くし切り）
オリーブオイル…大さじ1
B 鶏もも肉…1枚（一口大）
ガラムマサラ…小さじ1/2
クミン…小さじ1
コリアンダー…小さじ1/2
C なす…1/2個（短冊切り）
オクラ…6本（輪切り）
かぼちゃ…100g（一口大）
カットトマト…1/4缶
水…1カップ（200cc）
塩…小さじ1　胡椒…少々

作り方

1 鍋に油を熱し、中火でAをしんなりするまで炒める。
2 Bを加え、スパイスの香りが出るまで炒める。
3 Cを加え、弱火で15分汁気がなくなるまで煮込む。

レバノン

料理名 ホンモス

パーティーで出したいひよこ豆のペースト

190/196

10 min

ひよこ豆と練りゴマのペースト。パンとちびちび食べたい。

材料（2人分）

ひよこ豆（水煮缶）…1缶
A にんにく（おろし）…小さじ1/2
オリーブオイル…大さじ3
練りごま…大さじ2
クミン…小さじ1/2
塩・胡椒…少々

作り方

1 ひよこ豆をミキサーですりつぶす。
2 1にAを加え、さらにミキサーにかける。（粒が残ればば缶詰の汁を少しずつ加えてなめらかにする）
3 塩・胡椒で味をととのえ、器に盛り付け、オリーブオイルを回しかける。

お酒のあとに
しみるね

シンガポール

料理名

バクテー

屋台の定番豚肉の香り煮

130 min

中国の要素が溶け込んだ、東南アジアの薬膳スープ。醤油ベースのあっさりした味がじんわりのどから体にしみわたります。

材料（2人分）

豚バラ肉…100g（一口大）
豚ロース肉…100g（一口大）
大根…1/2本（一口大）
にんにく（皮ごと）…1個
オイスターソース…小さじ1
しょうゆ…大さじ1
クコの実…8個
クローブ…1本
八角…1個
塩…小さじ1

作り方

1 鍋に材料をすべて入れて、一煮立ちさせ、アクを取りのぞく。

2 弱火で2時間煮込む。

アドバイス！ 八角やクローブは入れすぎると薬臭くなるので注意して。

191／196

料理から見える世界 19

小さい国の大きな器

東京23区とほぼ同じ大きさのシンガポール。この国にはインド系や中国系、マレー系など、様々な人種や文化、宗教が入り混じっています。いろんな人種の子どもたちが一緒に学校に通っていて、分け隔てがない。お互いの生き方をちゃんと尊重しているな、という印象でした。シンガポールの人々は当たり前のように過ごしていますが、これはすごいことだなと思います。街もインド人街や中国人街があって、それもうまく観光に結びついている。わたしはそういう文化がすごく好きなんです。結果、料理も文化がミックスされていて、独自の食文化が発展しています。国によっては民族間でいがみ合ったりもすれば、こうやって上手にやっている国もある。シンガポールはそのいい例だと思います。

たくさんの屋台が集まる「ホーカーズ」。各国の料理が食べられます

鍋をふるうホーカーズの料理人。これはカキオムレツを焼いているところ

モンゴル

料理名

揚げ焼き肉まん

ホーショル

60 min

ミンチを小麦粉の皮で包み、揚げ焼きにした料理。表面はパリパリで、中はもっちりジューシー。ぜひ熱々を食べましょう。

材料（2人分）

A
- 小麦粉…250g
- 水…125cc
- 塩…小さじ1/2

B
- 牛ひき肉…300g
- 玉ねぎ…1/2個（みじん切り）
- にんにく（おろし）…1かけ
- 塩…小さじ1/2
- 胡椒…少々

- サラダ油…大さじ2

作り方

1 皮をつくる。ボウルにAを入れて、ひとまとめになるまでこねる。常温で30分寝かす。

2 具をつくる。別のボウルにBを入れて、よく混ぜる。4等分しておく。

3 1を3cmの棒状に伸ばし、4等分する。さらに直径12cmの丸型にのばし、2をのせ、餃子のように包む。

4 フライパンに油を熱し、弱火で表裏8分ずつ、きつね色になるまで焼く。

アドバイス！ 皮の材料は小麦粉と塩と水だけ。まずはこれから挑戦してみましょう。

インドネシア

料理名 ガドガド

ゆで野菜のアジアンサラダ

30 min

温野菜にピーナッツソースをかけたサラダ。
厚揚げや海老せんべいものっています。
本場では屋台からホテルまでいろんな場所で食べられます。

材料（2人分）

A
- キャベツ…1/8個（短冊切り）
- にんじん…1/4本（薄切り）
- もやし…1/2袋

B
- しょうゆ…25cc
- 黒糖…25g

C
- ピーナッツバター…100g
- サンバル（豆板醤）…小さじ1

- 厚揚げ…2枚（4等分）
- ゆで卵…2個
- 海老せんべい…適量（揚げておく）

作り方

1 Aをしんなりする程度にゆでる。

2 鍋にBを入れ、一煮立ちさせて溶かす。

3 ボウルに2とCを入れて、なめらかになるまで混ぜる。

4 1の野菜を両手で絞り、水気を切って、皿に盛り付ける。ゆで卵、湯通しした厚揚げ、海老せんべいをのせ、3をかける。

アドバイス！ ピーナッツソースが美味しい！ 焼き鳥や、ポークソテーにもおすすめ！

日曜のお昼に食べたいな

カタール

料理名　ムラビヤン

海老の炊き込みごはん

35 min

中東の中でも海に囲まれたカタールの料理。
おこげも美味しい。
いつもの焼きめしや炊き込みごはんに飽きたら、ぜひ。

材料（2人分）

- 玉ねぎ…1/2個（みじん切り）
- バター…20g
- 有頭海老…12尾
- 米…1合（洗っておく）
- A
  - 水…1カップ（200cc）
  - カレー粉…小さじ1
  - シナモン…小さじ1/2
  - 塩…小さじ1と1/2

作り方

1. 鍋にバターを熱し、中火で玉ねぎを茶色になるまで炒める。殻をむいた海老を加え、火が通るまで炒める。
2. 米を加え、5分炒める。
3. Aを加え、混ぜながら一煮立ちさせる。フタをして、弱火で15分炊く。

アドバイス！　最初にバターで玉ねぎを炒めることで、甘みと豊かな風味が生まれます。

タイ

料理名 ヤムウンセン

ビールが飲みたくなる酸っぱいサラダ

10 min

和えるだけできる春雨サラダ。
前菜におつまみ、万能です。
ピーナッツを加えると本格的です。

材料（2人分）

緑豆春雨…100g

A
- 酢…1/2カップ（100cc）
- ナンプラー…大さじ2
- 砂糖…大さじ1
- 一味唐辛子…小さじ1/2（お好みで）

小海老（ゆで）…8尾

B
- きゅうり…1/2本（千切り）
- サニーレタス…1枚（ざく切り）
- にんじん…1/2本（千切り）
- パクチー…3本分（ざく切り）

ピーナッツ…50g（砕く）

作り方

1 春雨をゆで、水で冷やし、ざるにあげて、食べやすい長さにカットする。

2 ボウルにAを入れて、よく混ぜる。

3 1とBを加え、混ぜ合わせる。皿に盛り付け、ピーナッツをかける。

アドバイス！ 甘み、辛み、酸味はタイ料理の神髄。まずは基本のヤムウンセンをマスター。

みんなで
囲むと
おいしいね

日本

料理名 お好み焼き

おかんのお好み焼き

30 min

毎週飽きるほど食べた、わたしの母の味。
キャベツたっぷり、ソースもたっぷり。
みんなで食べれば自然と笑顔になる料理です。
ホットプレートを使って焼けば、きっと楽しくなるはず。

材料（2人分）

A
- お好み焼き粉…100g
- 水…170cc

B
- 卵…2個
- キャベツ…250g（千切り）
- 青ねぎ…4本（小口切り）
- 豚こま肉…100g
- サラダ油…大さじ1

C
- オタフクソース…適量
- マヨネーズ…適量
- かつお節…適量

作り方

1 ボウルにAを入れて、よく混ぜる。Bを加え、さらに混ぜ合わせる。

2 200度のホットプレートに油を熱し、1を2等分して流し、丸く形を整え、豚肉をのせる。5分ほど焼いたら裏返し、また5分焼く。再び表裏を5分ずつ（計20分）焼く。

3 Cをお好みでかける。

今回の撮影も母につくってもらったお好み焼きを撮っていただきました！

196／196

料理から見える世界 20

世界の母の味

関西で育ったわたしの母の味といえば、お好み焼き。日曜日の夕飯が毎週欠かさずお好み焼きでした。サザエさんの曲を聞くと、今でもありありと味を思い出すくらい。それでもお好み焼きは嬉しくて、飽きませんでした。今でもお好み焼きを食べると、家族団欒の風景やあたたかさが思い浮かびます。母親にしてみれば、子どもたちに野菜をたくさん食べてほしいという気持ちであったり、子どもたちが喜ぶ料理だったので、毎週つくっていたんでしょう。

今までこの本で紹介した料理は、ほとんどが母の味です。今も世界中の家庭で食べられている、ごく普通の料理。でもそのごく普通の中に、子どもたちに対する母の思いが込められていると思います。母の偉大さは世界共通。あなたにとっての母の味はなんですか？

フィリピンで料理を教えてくれた屋台のお母さん。笑顔がすてき

韓国料理を習ったお母さん。実はスペインで泊まった宿の女将さん

献立別さくいん

【どんなものを食べたいか】から探す

【ごはんもの・麺】

ごはんにかける

鶏肉のピリ辛チョコレートソース煮（メキシコ）…… 19
鶏肉とオクラのとろとろスパイシー煮込み（アメリカ）…… 20
鶏肉のイエローペッパー煮込み（ペルー）…… 32
牛肉の細切りマディラワイン煮込み（ベネズエラ）…… 38
鶏肉のフライとオクラソース（ガイアナ）…… 50
鶏肉のコーラ煮込み（グアテマラ）…… 51
沈みゆく島の中華丼（ツバル）…… 114
日本とほぼ同じ牛肉とじゃがいものカレー（バヌアツ）…… 115
冷汁みたいなマグロのココナッツ汁かけごはん（キリバス）…… 123
レンズ豆とマカロニのトマトごはん（エジプト）…… 134
牛肉と季節野菜のポトフ（コートジボワール）…… 137
海老のオクラソース煮（ベナン）…… 138
白身魚のオクラソース煮（カメルーン）…… 138
鶏肉のさわやかマスタード煮込み（マリ）…… 145
調理用バナナのシチュー（赤道ギニア）…… 151
アフリカ中部のビーフシチュー（チャド）…… 156
豚肉のトマトシチュー（マダガスカル）…… 156
鶏肉のピーナッツソース煮込み（セネガル）…… 157
オクラとピーナッツのソース（ギニアビサウ）…… 162
サフランライスヨーグルト煮込みのせ（ヨルダン）…… 182
テンペのココナッツカレー（東ティモール）…… 187
スパイスからつくる本場の羊肉カレー（インド）…… 190
鶏肉とトマトのスープカレー（ネパール）…… 198
ミャンマーのお母さんの肉じゃが（ミャンマー）…… 201
天国にいちばん近い島のフィッシュカレー（モルディブ）…… 208

ごはんを包む

地中海のイカめし（キプロス）…… 56
ごはんを詰めた鶏肉のオーブン焼き（アルメニア）…… 57
鮭とごはんのパイ包み焼き（フィンランド）…… 92
ミントとチーズのライスコロッケ（アルバニア）…… 97

炊き込み

ほんのり甘い鶏肉のパエリア風ごはん（セントクリファー・ネーヴィス）…… 25
たまに無性に食べたくなる豆ごはん（バルバドス）…… 30
漁師の豪快炊き込みごはん（スペイン）…… 62
羊肉とにんじんのピラフ（ウズベキスタン）…… 98
羊肉の汁だく炊き込みごはん（モーリタニア）…… 135
おこげまで美味しい魚の炊き込みごはん（ガンビア）…… 140
手羽元とトマトのピリ辛炊き込みごはん（シエラレオネ）…… 164
タイ米でつくりたい牛ひき肉の混ぜごはん（ブルキナファソ）…… 165
シナモン風味のなすと牛肉の炊き込みごはん（イラク）…… 204

海老の炊き込みごはん（カタール）……214

麺

羊肉と野菜ソースかけうどん（カザフスタン）……88
やみつきマレー風焼きそば（マレーシア）……180

そのほかの主食

さごやしでんぷんのくず餅風（パプアニューギニア）……116
世界一小さいパスタのトマトソースがけ（ニジェール）……125
ウガンダの主食コーン団子（ウガンダ）……126

【メインのおかず】

炒めもの

牛肉とフライドポテトの炒めもの（ボリビア）……31
パクチーをのせたジャーマンポテト（ジョージア）……76
中華料理屋の麻婆豆腐（中国）……193
韓国風牛肉と春雨の炒めもの（韓国）……193
鶏肉となすのバジル炒め（ラオス）……202

焼きもの

牛肉のステーキさっぱりBBQソース（ウルグアイ）……28
サーモンソテーメイプルシロップのソース（カナダ）……41
贅沢！牛肉のベーコン巻き（エストニア）……70
サーモンのバターソテー（ノルウェー）……74
サーモンソテーアーモンドバターソース（ルクセンブルク）……75
東欧のハンバーグサワークリーム添え（ラトビア）……79
クロアチア風手づくりソーセージ（クロアチア）……84
バルカン半島のチーズ入りハンバーグ（マケドニア）……87
豚ロースのステーキバルサミコソース（バチカン）……94
豚肉のパン粉焼ききのこクリームソース（ドイツ）……100
小さなハンバーグヨーグルトソース（コソボ）……102
おかんのお好み焼き（日本）……216

煮込み

豚肉のオレンジ煮込み（ハイチ）……23
ひき肉と豆のピリ辛トマト煮込み（ホンジュラス）……24
赤い豆のトマト煮込み（スリナム）……31
ラテンアメリカの牛肉カレー（セントルシア）……44
黒豆のまっくろ煮込み（ブラジル）……46
大人のほろ苦牛肉ギネス煮込み（アイルランド）……58
お店の味の鶏肉クリーム煮込み（フランス）……59
彩りあざやか牛肉のパプリカ煮込み（ハンガリー）……66
ソーセージのザワークラウト煮込み（ポーランド）……67
ミートボール入りじゃがいも餅（リトアニア）……71
羊肉とドライフルーツの煮込み（アゼルバイジャン）……81
ビーツと牛肉のぽかぽか煮込み（ウクライナ）……82
ヨーロッパの肉じゃが（ボスニア・ヘルツェゴビナ）……86
鶏肉とパプリカのクリーム煮込み（スロバキア）……86
豚肉のサワークリーム煮込み（ベラルーシ）……90
ミートボールの牛肉巻きトマト煮込み（マルタ）……93
牛肉のサワークリーム煮込み（ロシア）……99

タラと野菜のトマトソース煮込み（モナコ）……105
ごはんがすすむ鶏肉の酢じょうゆ煮込み（ミクロネシア）……108
白身魚のピーナッツソース煮込み（ガボン）……128
牛肉のピーナッツソース煮（ザンビア）……129
金時豆のとろっとしたトマト煮（ブルンジ）……130
豆とコーングリッツの煮込み（カーボヴェルデ）……131
牛肉と白インゲン豆の煮込み（コンゴ民主共和国）……132
鶏肉のタジン鍋煮込み（モロッコ）……136
鶏肉とたっぷり野菜のシチュー（アンゴラ）……139
ピリッと辛い鶏肉の煮込み（サントメ・プリンシペ）……139
薄切りじゃがいもとひき肉の煮込み（ソマリア）……154
野菜の煮込みほんのりカレー風味（エリトリア）……155
鶏肉とひよこ豆の赤い煮込み（アルジェリア）……157
まるごと卵のスパイスカレー（エチオピア）……160
栄養満点！ケールと牛肉のシチュー（ケニア）……168
メロンの種と鶏肉のシチュー（ナイジェリア）……169
オクラが主役の牛肉煮込み（スーダン）……172
カツオのトマトソース煮（コモロ）……174
アフリカ南部の羊肉のシチュー（スワジランド）……176
鶏肉のレモン煮込み（イエメン）……179
赤レンズ豆のやさしいカレー（スリランカ）……186
サバのココナッツカレー（バングラデシュ）……190
大好き！　中東の煮込みハンバーグ（トルコ）……191
インゲンが主役のトマト煮込み（シリア）……194
ミートボールのヨーグルト煮込み（イラン）……203
羊肉のヨーグルトマリネ煮込み（アフガニスタン）……208
鶏肉とかぼちゃのくたくた煮込み（バーレーン）……209

揚げもの

ココナッツエビフライ（ベリーズ）……29
カリブ海の白身魚フリット（バハマ）……45
海老のチーズコロッケ（ベルギー）……96
サクットロッ鶏肉のチーズ揚げ（モンテネグロ）……104
白身魚のフライトマトソース（ギニア）……144

グリル

オレンジジュースに漬けたローストチキン（ジャマイカ）……22
ひき肉のとうもろこしグラタン（チリ）……34
地球の裏側でも人気マカロニグラタン（セントビンセントおよびグレナディーン諸島）……35
南米風ミートローフベーコン巻き（コロンビア）……52
鶏肉のチーズ焼き（サンマリノ）……54
じゃがいもとアンチョビのグラタン（スウェーデン）……60
鶏肉と野菜のゴロゴロ串焼き（キルギス）……78
シンプルなローストチキン（コンゴ共和国）……132
ごはんの入ったピーマンの肉詰め（南スーダン）……146
インド移民風フライドチキン（ジンバブエ）……147
オーブンで焼いた牛肉とチーズの卵焼き（チュニジア）……158
手間いらずの肉汁ミートローフ（南アフリカ）……167
手で食べたい海老のスパイスオイル焼き（モザンビーク）……177
牛肉のオーブン焼きさっぱり味（アラブ首長国連邦）……196
ごろごろ野菜のオーブン焼き（サウジアラビア）……197
鶏肉のスパイス焼き（パキスタン）……206
手羽元のから揚げ風アジアン味（ブルネイ）……207

【副菜】

炒めもの

じゃがいもと玉ねぎの香ばしい炒めもの（スロベニア）……84
ほうれん草とピーナッツの炒めもの（ボツワナ）……152
カレー風味のかんたん野菜炒め（マラウイ）……153

煮込み

タラの塩漬けくたくたトマト煮込み（アンティグアバーブーダ）……40
キャベツとコンビーフのココナッツミルク煮込み（トンガ）……109
ほうれん草のクリーム煮込み（レソト）……142
ほうれん草の煮込みほんのりシナモン（リベリア）……143
きのことじゃがいものチーズ煮込み（ブータン）……183

サラダ

夏に食べたい魚とエビのマリネ（エクアドル）……30
マグロとアボカドのバルサミコ酢サラダ（イタリア）……54
ミルフィーユ仕立てのポテトサラダ（モルドバ）……83
キャベツとベーコンが入ったマッシュポテト（アンドラ）……87
塩とレモンの手もみサラダ（タジキスタン）……89
マグロと野菜のココナッツクリーム和え（クック諸島）……110
白身魚のココナッツマリネ（フィジー）……120
日本の名残りマグロのごま油和え（マーシャル諸島）……122
焼き魚のさっぱりサラダ（中央アフリカ）……170
すりおろしキュウリとヨーグルトのサラダ（クウェート）……192
ゆで野菜のアジアンサラダ（インドネシア）……213
ビールが飲みたくなる酸っぱいサラダ（タイ）……215

揚げもの

赤レンズ豆のかわいいコロッケ（ジブチ）……159
サクモチ揚げ春巻き（ベトナム）……180

蒸しもの

あさりと豚肉のほうれん草包み（パラオ）……121
豆とツナと野菜の蒸しもの（トーゴ）……175

焼きもの

タラと玉ねぎのすり身焼き（アイスランド）……69
ビールの国のじゃがいもお好み焼き（チェコ）……72
やみつきポテトケーキ（スイス）……101

【パンとパイ】

パン

豆カレーの揚げパンサンド（トリニダード・トバゴ）……27
焼きなすのカナッペ（ルーマニア）……69
北欧のオープンサンド（デンマーク）……106
シナモン揚げドーナッツ（サモア）……118
ひき肉のせ揚げパン（カンボジア）……188

パイ

おやつでもおつまみでも！卵入り揚げ餃子（アルゼンチン）……26
豆とチーズのぱくぱくお焼き（エルサルバドル）……49
羊飼いのパイ（イギリス）……61
カッテージチーズのふわふわパイ焼き（セルビア）……61
ひき肉のジューシーパイ（オーストラリア）……112
揚げ焼き肉まん（モンゴル）……212

クレープ

カレー味のじゃがいもクレープ包み（グレナダ）……42
アボカドとチーズとトマトのトルティーヤ（コスタリカ）……43
厚焼きクレープのもっちりピザ（オランダ）……65
鶏肉と野菜のクレープグラタン（オーストリア）……73

ディップ

塩ヨーグルトのディップ（トルクメニスタン）……68
金時豆の甘じょっぱいペースト（ルワンダ）……148
トマトと玉ねぎのディップソース（モーリシャス）……148
ラマダン明けの茄子とゴマのペースト（リビア）……163
パーティーで出したいひよこ豆のペースト（レバノン）……209

【スープ】

手羽元とキャッサバの濃厚スープ（パナマ）……36
じゃがいもとコーンのスパイシーチキンスープ（キューバ）……37
手羽元とコーン団子のスープ（パラグアイ）……39
冷たいヨーグルトスープ（ブルガリア）……68
卵とレモンのスープ（ギリシャ）……80
じゃがいもをすりおろしサラミを浮かべたスープ（ポルトガル）……91
コーンミールの団子スープ（リヒテンシュタイン）……98
サバの漁師スープ（タンザニア）……171
豚肉の酸っぱいスープ（フィリピン）……184
パプリカと半熟卵のトマトソース煮込み（イスラエル）……200
屋台の定番豚肉の香り煮（シンガポール）……210

【おやつ】

プランテンバナナ（ドミニカ国）……44
とうもろこしのやさしいプリン（ドミニカ共和国）……45
コーン団子のチマキ（ニカラグア）……48
白身魚とポテトのフライ（ニュージーランド）……113
さつまいものココナッツ煮（ソロモン諸島）……118
ライスとココナッツのおやつ（ナウル）……119
里芋とパパイヤの重ね蒸し（ニウエ）……119
さつまいもとバナナのココナッツミルク煮（セーシェル）……150
ソーセージとポテトフライ（ナミビア）……166
一味をきかせたバナナフライ（ガーナ）……166
細いパスタのデザート（オマーン）……192

シーン別さくいん

【どんな時に食べたいか】から探す

【おうちの定番に】

ふだんごはん

鶏肉とオクラのとろとろスパイシー煮込み（アメリカ）……20
豚肉のオレンジ煮込み（ハイチ）……23
ひき肉のとうもろこしグラタン（チリ）……34
地球の裏側でも人気マカロニグラタン（セントビンセントおよびグレナディーン諸島）……35
プランテンバナナ（ドミニカ国）……44
サーモンのバターソテー（ノルウェー）……74
鶏肉とパプリカのクリーム煮込み（スロバキア）……86
羊肉と野菜ソースかけうどん（カザフスタン）……88
塩とレモンの手もみサラダ（タジキスタン）……89
沈みゆく島の中華丼（ツバル）……114
さつまいものココナッツ煮（ソロモン諸島）……118
レンズ豆とマカロニのトマトごはん（エジプト）……134
鶏肉のタジン鍋煮込み（モロッコ）……136
牛肉と季節野菜のポトフ（コートジボワール）……137
白身魚のオクラソース煮（カメルーン）……138
海老のオクラソース煮（ベナン）……138
鶏肉とたっぷり野菜のシチュー（アンゴラ）……139
ピリッと辛い鶏肉の煮込み（サントメ・プリンシペ）……139
ほうれん草の煮込みほんのりシナモン（リベリア）……143
さつまいもとバナナのココナッツミルク煮（セーシェル）……150
野菜の煮込みほんのりカレー風味（エリトリア）……155
豚肉のトマトシチュー（マダガスカル）……156
オーブンで焼いた牛肉とチーズの卵焼き（チュニジア）……158
タイ米でつくりたい牛ひき肉の混ぜごはん（ブルキナファソ）……165
オクラが主役の牛肉煮込み（スーダン）……172
スパイスからつくる本場の羊肉カレー（インド）……190
サバのココナッツカレー（バングラデシュ）……190
好き！　中東の煮込みハンバーグ（トルコ）……191
韓国風牛肉と春雨の炒めもの（韓国）……193
中華料理屋の麻婆豆腐（中国）……193
鶏肉とトマトのスープカレー（ネパール）……198
ミャンマーのお母さんの肉じゃが（ミャンマー）……201
天国にいちばん近い島のフィッシュカレー（モルディブ）……208
鶏肉とかぼちゃのくたくた煮込み（バーレーン）……209

ちょっとぜいたく

牛肉のステーキさっぱりBBQソース（ウルグアイ）……28
お店の味の鶏肉クリーム煮込み（フランス）……59
彩りあざやか牛肉のパプリカ煮込み（ハンガリー）……66
ヨーロッパの肉じゃが（ボスニア・ヘルツェゴビナ）……86
ミートボールの牛肉巻きトマト煮込み（マルタ）……93

おこげまで美味しい魚の炊き込みごはん（ガンビア）……140
牛肉のオーブン焼きさっぱり味（アラブ首長国連邦）……100

手間ひまかける

手羽元とコーン団子のスープ（パラグアイ）……39
ラテンアメリカの牛肉カレー（セントルシア）……44
豆とチーズのぱくぱくお焼き（エルサルバドル）……49
ソーセージのザワークラウト煮込み（ポーランド）……67
ビーツと牛肉のぽかぽか煮込み（ウクライナ）……82
コーンミールの団子スープ（リヒテンシュタイン）……98
日本とほぼ同じ牛肉とじゃがいものカレー（バヌアツ）……115
豆とコーングリッツの煮込み（カーボヴェルデ）……131
牛肉と白インゲン豆の煮込み（コンゴ民主共和国）……132
アフリカ中部のビーフシチュー（チャド）……156
まるごと卵のスパイスカレー（エチオピア）……160
栄養満点！ケールと牛肉のシチュー（ケニア）……168
アフリカ南部の羊肉のシチュー（スワジランド）……176

【おつまみ or 〆にどうぞ】

ビールに

おやつでもおつまみでも！卵入り揚げ餃子（アルゼンチン）……26
夏に食べたい魚とエビのマリネ（エクアドル）……30
カレー味のじゃがいもクレープ包み（グレナダ）……42
カリブ海の白身魚フリット（バハマ）……45
タラと玉ねぎのすり身焼き（アイスランド）……69
ビールの国のじゃがいもお好み焼き（チェコ）……72
クロアチア風手づくりソーセージ（クロアチア）……84
じゃがいもと玉ねぎの香ばしい炒めもの（スロベニア）……84
白身魚とポテトのフライ（ニュージーランド）……113
白身魚のココナッツマリネ（フィジー）……120
あさりと豚肉のほうれん草包み（パラオ）……121
日本の名残りマグロのごま油和え（マーシャル諸島）……122
豚肉のさわやかマスタード煮込み（マリ）……145
薄切りじゃがいもとひき肉の煮込み（ソマリア）……154
焼き魚のさっぱりサラダ（中央アフリカ）……170
鶏肉のレモン煮込み（イエメン）……179
サクモチ揚げ春巻き（ベトナム）……180
手羽元のから揚げ風アジアン味（ブルネイ）……207
ビールが飲みたくなる酸っぱいサラダ（タイ）……215

ワインに

ひき肉と豆のピリ辛トマト煮込み（ホンジュラス）……24
赤い豆のトマト煮込み（スリナム）……31
タラの塩漬けくたくたトマト煮込み（アンティグア・バーブーダ）……40
黒豆のまっくろ煮込み（ブラジル）……46
マグロとアボカドのバルサミコ酢サラダ（イタリア）……54
鶏肉のチーズ焼き（サンマリノ）……54
じゃがいもとアンチョビのグラタン（スウェーデン）……60
ミートボール入りじゃがいも餅（リトアニア）……71

東欧のハンバーグサワークリーム添え（ラトビア）……79
豚肉のパン粉焼ききのこクリームソース（ドイツ）……100
タラと野菜のトマトソース煮込み（モナコ）……105
金時豆のとろっとしたトマト煮（ブルンジ）……130
ほうれん草のクリーム煮込み（レソト）……142
白身魚のフライトマトソース（ギニア）……144
鶏肉とひよこ豆の赤い煮込み（アルジェリア）……157
メロンの種と鶏肉のシチュー（ナイジェリア）……169
サバの漁師スープ（タンザニア）……171
カツオのトマトソース煮（コモロ）……174
きのことじゃがいものチーズ煮込み（ブータン）……183
インゲンが主役のトマト煮込み（シリア）……194
パプリカと半熟卵のトマトソース煮込み（イスラエル）……200

〆に

手羽元とキャッサバの濃厚スープ（パナマ）……36
じゃがいもとコーンのスパイシーチキンスープ（キューバ）……37
じゃがいもをすりおろしサラミを浮かべたスープ（ポルトガル）……91
冷汁みたいなマグロのココナッツ汁かけごはん（キリバス）……123
羊肉の汁だく炊き込みごはん（モーリタニア）……135
やみつきマレー風焼きそば（マレーシア）……180
豚肉の酸っぱいスープ（フィリピン）……184
屋台の定番豚肉の香り煮（シンガポール）……210

【お弁当にぴったり】

オレンジジュースに漬けたローストチキン（ジャマイカ）……22
ほんのり甘い鶏肉のパエリア風ごはん（セントクリファー・ネーヴィス）……25
たまに無性に食べたくなる豆ごはん（バルバドス）……30
牛肉とフライドポテトの炒めもの（ボリビア）……31
鶏肉のフライとオクラソース（ガイアナ）……50
パクチーをのせたジャーマンポテト（ジョージア）……76
キャベツとベーコンが入ったマッシュポテト（アンドラ）……87
バルカン半島のチーズ入りハンバーグ（マケドニア）……87
海老のチーズコロッケ（ベルギー）……96
羊肉とにんじんのピラフ（ウズベキスタン）……98
サクットロッ鶏肉のチーズ揚げ（モンテネグロ）……104
ごはんがすすむ鶏肉の酢しょうゆ煮込み（ミクロネシア）……108
ごはんの入ったピーマンの肉詰め（南スーダン）……146
ほうれん草とピーナッツの炒めもの（ボツワナ）……152
カレー風味のかんたん野菜炒め（マラウイ）……153
鶏肉となすのバジル炒め（ラオス）……202
海老の炊き込みごはん（カタール）……214

【子どもとつくりたい】

アボカドとチーズとトマトのトルティーヤ（コスタリカ）……43
とうもろこしのやさしいプリン（ドミニカ共和国）……45

カッテージチーズのふわふわパイ焼き（セルビア）……64
厚焼きクレープのもっちりピザ（オランダ）……65
やみつきポテトケーキ（スイス）……101
さごやしでんぷんのくず餅風（パプアニューギニア）……116
シナモン揚げドーナッツ（サモア）……118
ライスとココナッツのおやつ（ナウル）……119
揚げ焼き肉まん（モンゴル）……212
おかんのお好み焼き（日本）……216

【パーティーで出したい】

前菜に

ココナッツエビフライ（ベリーズ）……29
南米風ミートローフベーコン巻き（コロンビア）……52
冷たいヨーグルトスープ（ブルガリア）……68
塩ヨーグルトのディップ（トルクメニスタン）……68
ミルフィーユ仕立てのポテトサラダ（モルドバ）……83
マグロと野菜のココナッツクリーム和え（クック諸島）……110
世界一小さいパスタのトマトソースがけ（ニジェール）……126
ウガンダの主食コーン団子（ウガンダ）……126
トマトと玉ねぎのディップソース（モーリシャス）……148
調理用バナナのシチュー（赤道ギニア）……151
赤レンズ豆のかわいいコロッケ（ジブチ）……159
ソーセージとポテトフライ（ナミビア）……166
豆とツナと野菜の蒸しもの（トーゴ）……175
赤レンズ豆のやさしいカレー（スリランカ）……186
すりおろしキュウリとヨーグルトのサラダ（クウェート）……192
ごろごろ野菜のオーブン焼き（サウジアラビア）……197
ゆで野菜のアジアンサラダ（インドネシア）……213

手で食べられる

豆カレーの揚げパンサンド（トリニダード・トバゴ）……27
コーン団子のチマキ（ニカラグア）……48
焼きなすのカナッペ（ルーマニア）……69
北欧のオープンサンド（デンマーク）……106
ひき肉のジューシーパイ（オーストラリア）……112
金時豆の甘じょっぱいペースト（ルワンダ）……148
ラマダン明けの茄子とゴマのペースト（リビア）……163
一味をきかせたバナナフライ（ガーナ）……166
手で食べたい海老のスパイスオイル焼き（モザンビーク）……177
ひき肉のせ揚げパン（カンボジア）……188
パーティーで出したいひよこ豆のペースト（レバノン）……209

メイン

牛肉の細切りマディラワイン煮込み（ベネズエラ）……38
地中海のイカめし（キプロス）……56
ごはんを詰めた鶏肉のオーブン焼き（アルメニア）……57
羊飼いのパイ（イギリス）……61
漁師の豪快炊き込みごはん（スペイン）……62
贅沢！牛肉のベーコン巻き（エストニア）……70

鶏肉と野菜のクレープグラタン（オーストリア）……73
鶏肉と野菜のゴロゴロ串焼き（キルギス）……78
鮭とごはんのパイ包み焼き（フィンランド）……92
豚ロースのステーキバルサミコソース（バチカン）……94
シンプルなローストチキン（コンゴ共和国）……132
インド移民風フライドチキン（ジンバブエ）……147
手羽元とトマトのピリ辛炊き込みごはん（シエラレオネ）……164
手間いらずの肉汁ミートローフ（南アフリカ）……167
テンペのココナッツカレー（東ティモール）……187
シナモン風味のなすと牛肉の炊き込みごはん（イラク）……204
鶏肉のスパイス焼き（パキスタン）……206

【食べたことない味】

鶏肉のピリ辛チョコレートソース煮（メキシコ）……19
鶏肉のイエローペッパー煮込み（ペルー）……32
サーモンソテーメイプルシロップのソース（カナダ）……41
鶏肉のコーラ煮込み（グアテマラ）……51
大人のほろ苦牛肉ギネス煮込み（アイルランド）……58
サーモンソテーアーモンドバターソース（ルクセンブルク）……75
卵とレモンのスープ（ギリシャ）……80
羊肉とドライフルーツの煮込み（アゼルバイジャン）……81
豚肉のサワークリーム煮込み（ベラルーシ）……90
ミントとチーズのライスコロッケ（アルバニア）……97
牛肉のサワークリーム煮込み（ロシア）……99
小さなハンバーグヨーグルトソース（コソボ）……102
キャベツとコンビーフのココナッツミルク煮込み（トンガ）……109
里芋とパパイヤの重ね蒸し（ニウエ）……119
白身魚のピーナッツ煮込み（ガボン）……128
牛肉のピーナッツソース煮（ザンビア）……129
鶏肉のピーナッツソース煮込み（セネガル）……157
オクラとピーナッツのソース（ギニアビサウ）……162
サフランライスヨーグルト煮込みのせ（ヨルダン）……182
細いパスタのデザート（オマーン）……192
ミートボールのヨーグルト煮込み（イラン）……203
羊肉のヨーグルトマリネ煮込み（アフガニスタン）……208

シェフのおすすめさくいん

【組み合わせ】から探す

ビール好きがよろこぶおつまみ

やみつきポテトケーキ（スイス）……101
サクットロッ鶏肉のチーズ揚げ（モンテネグロ）……104
サクモチ揚げ春巻き（ベトナム）……180

夏バテにも効果的な3品

鶏肉とオクラのとろとろスパイシー煮込み（アメリカ）……20
牛肉のステーキさっぱりＢＢＱソース（ウルグアイ）……28
牛肉のオーブン焼きさっぱり味（アラブ首長国連邦）……196

フライパン一つでさっとつくれちゃう

鶏肉のピリ辛チョコレートソース煮（メキシコ）……19
サーモンソテーアーモンドバターソース（ルクセンブルク）……75
カレー風味のかんたん野菜炒め（マラウイ）……153

辛いほどおいしい旨辛ごはん

やみつきマレー風焼きそば（マレーシア）……180
きのことじゃがいものチーズ煮込み（ブータン）……183
ビールが飲みたくなる酸っぱいサラダ（タイ）……215

15分以内でできる終電ごはん

サーモンのバターソテー（ノルウェー）……74
塩とレモンの手もみサラダ（タジキスタン）……89
日本の名残りマグロのごま油和え（マーシャル諸島）……122

テキトーにつくっても美味しい簡単料理

ほうれん草とピーナッツの炒めもの（ボツワナ）……152
野菜の煮込みほんのりカレー風味（エリトリア）……155
鶏肉とひよこ豆の赤い煮込み（アルジェリア）……157

カロリー抑えめヘルシーごはん

焼きなすのカナッペ（ルーマニア）……69
鶏肉と野菜のゴロゴロ串焼き（キルギス）……78
韓国風牛肉と春雨の炒めもの（韓国）……193

みんな大好き卵料理

南米風ミートローフベーコン巻き（コロンビア）……52
オーブンで焼いた牛肉とチーズの卵焼き（チュニジア）……158
パプリカと半熟卵のトマトソース煮込み（イスラエル）……200

おもしろ食感料理

塩ヨーグルトのディップ（トルクメニスタン）……68
ミートボール入りじゃがいも餅（リトアニア）……71
さごやしでんぷんのくず餅風（パプアニューギニア）……116

作り置きに便利な日持ち料理

ソーセージのザワークラウト煮込み（ポーランド）……67
ごはんがすすむ鶏肉の酢しょうゆ煮込み（ミクロネシア）……108
トマトと玉ねぎのディップソース（モーリシャス）……148

体を整えるスパイス&薬膳レシピ

スパイスからつくる本場の羊肉カレー（インド）……190
鶏肉のスパイス焼き（パキスタン）……206
屋台の定番豚肉の香り煮（シンガポール）……210

寒い国ならではのポカポカレシピ

じゃがいもとアンチョビのグラタン（スウェーデン）……60
彩りあざやか牛肉のパプリカ煮込み（ハンガリー）……66
牛肉のサワークリーム煮込み（ロシア）……99

トロピカルな島ごはん

あさりと豚肉のほうれん草包み（パラオ）……121
日本の名残りマグロのごま油和え（マーシャル諸島）……122
冷汁みたいなマグロのココナッツ汁かけごはん（キリバス）……123

絶品アジア飯

豚肉の酸っぱいスープ（フィリピン）……184
ミャンマーのお母さんの肉じゃが（ミャンマー）……201
鶏肉となすのバジル炒め（ラオス）……202

ヨーロッパを語るならこれは外せない

お店の味の鶏肉クリーム煮込み（フランス）……59
漁師の豪快炊き込みごはん（スペイン）……62
ビーツと牛肉のぽかぽか煮込み（ウクライナ）……82

アフリカの大地を感じる料理

鶏肉のピーナッツソース煮込み（セネガル）……157
手間いらずの肉汁ミートローフ（南アフリカ）……167
鶏肉とかぼちゃのくたくた煮込み（バーレーン）……209

中南米のエスニックメニュー

牛肉とフライドポテトの炒めもの（ボリビア）……31
鶏肉のイエローペッパー煮込み（ペルー）……32
じゃがいもとコーンのスパイシーチキンスープ（キューバ）……37

文化の交差点、中東料理

サフランライスヨーグルト煮込みのせ（ヨルダン）……182
ごろごろ野菜のオーブン焼き（サウジアラビア）……197
パーティーで出したいひよこ豆のペースト（レバノン）……209

【地図】から探す

2
23
2
28
19
29
6
1
10
27
22
5
3
4
26
31
17
12
34
8
32
24
25
20
33
104
18
35
13
100
11
105
95
15
99
96
30
14
98
92
102
92
101
16
21
9
7
94

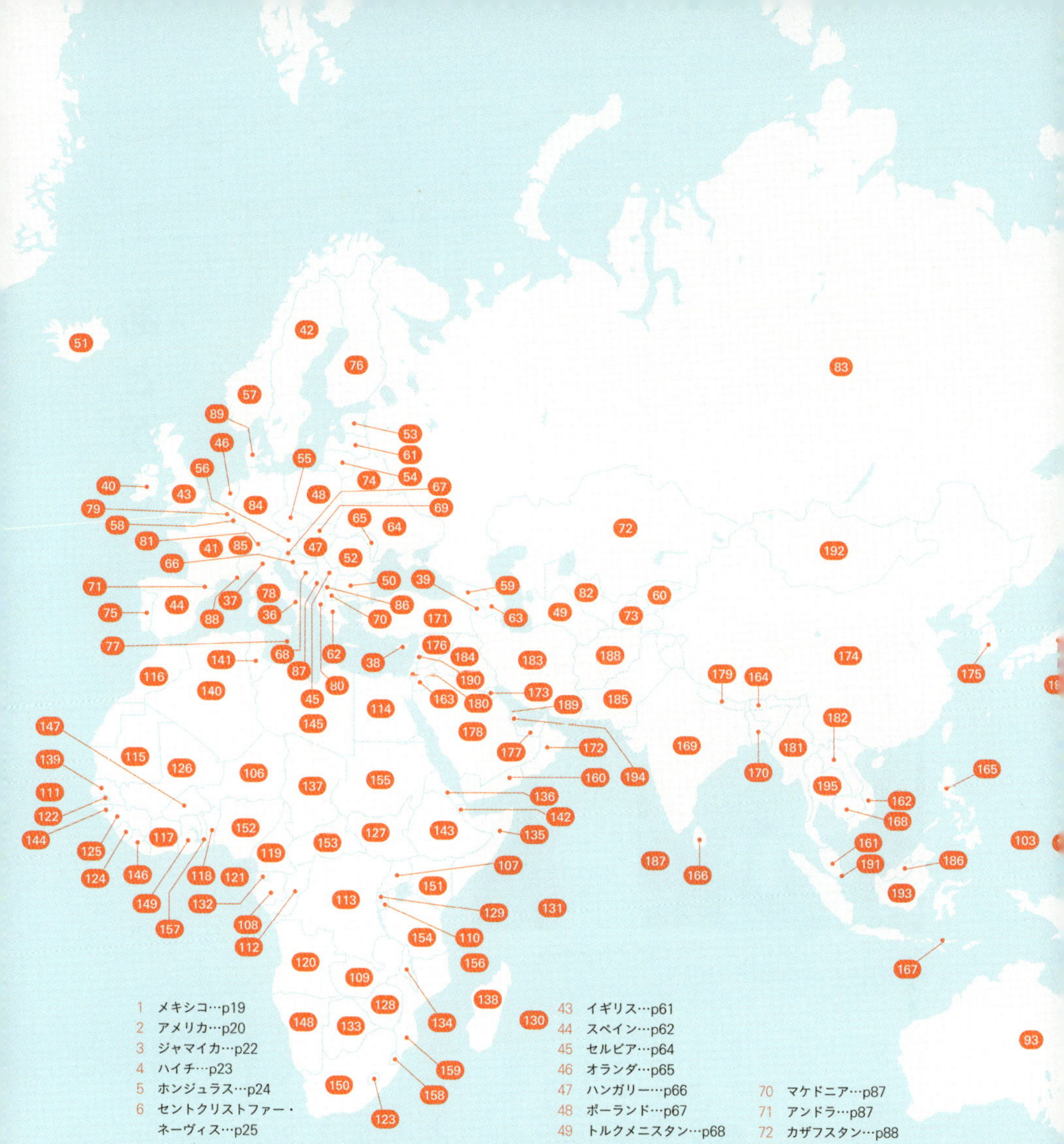

51
42
76
83
57
89
53
61
46
55
56
54
74
40
43
84
48
67
79
69
58
65
64
72
192
81
41
85
47
66
52
71
37
78
50
39
59
82
60
75
44
86
36
88
70
63
49
73
171
77
68
62
176
184
183
188
174
175
141
38
190
179
164
116
87
80
140
173
45
163
180
185
189
114
182
147
145
178
169
177
172
181
115
139
126
106
137
155
160
194
170
165
111
195
136
162
122
142
168
144
152
117
127
143
135
125
153
161
103
119
107
187
186
146
118
121
191
124
166
151
149
132
113
131
129
193
157
108
154
110
112
167
120
156
109
138
128
130
148
133
134
93
159
150
158
123

あとがき

料理で世界を平和にする?

料理はお互いを知るツールになる。30ヵ国を巡る海外修行の日々の中でわたしはそう思いました。

海外で人に出会ったときに仲良くなる、わたしなりのコツをお教えします。最初は会話がまったくなくても、まずは「どこの国から来たの?」と聞いて、わたしがその国の料理の名前を言うと、「何で知ってるの!?」という感じでテンションが上がります。「食べたことあるの?」と聞かれたら、「実はつくったことある」と言ったら、さらに盛り上がって、もう友達です。料理という入り口が仲良くなるきっかけになるんです。

インドでチキンバターマサラを教えてくれたシェフ。
誰もが認める一流の料理人でした

今、この瞬間の地球を想像してみてください。パッと想像したときに、いろんな国があって、そこで暮らすいろんな人々がいます。日本が朝の9時なら、シンガポールでは朝7時、インドでは朝5時でちょうど日が登るころでしょうか。サウジアラビアでは午前3時、ちょうど夢の中。イタリアは午前1時で、ベッドに入った頃かもしれません。ニューヨークでは前日の夜19時でちょうどディナーの時間です。

世界は広くて美しいです。しかし、今この瞬間にも紛争中の地域があったり、いがみ合う国があるのもまた事実。自分に置き換えても家でケンカしてしまうこともあります。そういった争いがまったくない世の中をつくることは、たしかに難しい。戦争をしたり、殺し合ったり、そんな現実はとても悲しいことです。

「みんな同じ地球で暮らし、今という時間を一緒に生きている人間同士なのに、なぜ?」わたしは小さい頃からそう思ってきました。大人になってからも、料理を修行するために世界中を旅して、貧困や飢餓、差別なども目の当たりにして、さらに心が激しく揺さぶられました。でも自分が政治家になったり、スーパーマンになるなんてできないし、そんなことで解決する問題でもありません。わたしは、差別や争いなどの問題はやさしさや思いやりのこころで解決できると信じています。しかし、単に「思いやりを持ちましょう」と呼びかけたところで、効果がないことは目に見えています。それならどうしたらいいのか?

マザーテレサがつくったコルカタにある「死を待つ人々の家」という施設でシスターたちと一緒に

1つだけわかっていることは「料理で興味を持ってもらうことはできる」ということ。五感を使って食べる料理は、その国のことを知るためのとっておきのツールになるのです。「暑い国だからこんな工夫があるのか」、「現地でもこうやってコトコト煮込んでいるのか」。料理から気づかされることって実はたくさんあります。一旦興味を持てば、やさしさや思いやりのこころを持つのは、そう遠くないと思うのです。

食って、人にとってもっとも身近なものであり、重要なものです。わたしは料理を紹介することを通じて、お互いに助け合える世の中になるよう努力していきたい。この思いは今も昔も変わりません。

スリランカで知り合った宿のスタッフたち。
気さくな彼らですが、民族間の対立に直面していました

なんでこんな大変なことばっかり

料理の力を信じて、今までいろんなことにチャレンジしてきました。2年間で世界の料理をすべてつくる「世界のごちそうアースマラソン」や、1万2千個を完売させた阪神・淡路大震災20年チャリティスープ「MERRY SOUP」、前回の紀行本はレストランを切り盛りしながら1年かけて執筆しました。そして、集大成となるこのレシピブックをつくるためのクラウドファンディング。

よく、こんな質問をされます。「本山さん、なんでこんな大変なことばっかり、たくさんできるんですか?」それはきっと、自分を試しているのだと思います。自分でハードルを上げて、無理そうなことでも、やってみる。「これがやりたい」という、ちゃんとした目標を掲げて、ひたむきにやっている姿を見せたら、人って共感してくれるとわたしは思っています。そうすることによって人は集まってくるし、わたし自身も「世の中って捨てたものじゃないな」と思える。

海外を巡っていた修行時代でも、現地の方からしたら突然、全然知らない人が来て「料理を教えてください」と言い出すのも本当は無茶な話。でも熱意が通じたら、協力してくれたり、応援してくれたりするんです。わたしは自分の人生で「世の中捨てたものじゃない」ということを実証したい、実証するためにやっている気がします。

今、世界の現状は、テロが起こったり、難民が増えたり、いろんな戦争が起ころうとしています。日本も例外ではなく、ロシアと北朝鮮の関係によっては戦争が起こってしまうかもしれない。今こそみんなが平和を感じて、そのためにお互いを知る努力をするべきときではないでしょうか。そのきっかけにいろんな国の料理をつくってみて、お互いの食卓を知るところから始めてみませんか。

MERRY SOUP プロジェクトの仲間たち。
レストランを閉める際に集まってくれました

料理は人類の生きた証

これだけたくさんある料理ですが、世界の中にはどんどん消えていっている料理もあります。

食材にしていた農作物が栽培されなくなったり、あまり食べる人がいなくなって消えていってしまったり。太平洋のある島では、中国の支援が入ってきたことで、もともとあった料理が味の濃い中華料理に負けてしまいました。みんなが中華しか食べなくなり、島の料理はほとんど食べられていない場所もあります。

講演会では旅の話をまじえ、食を通することで違った世界の見方があることを伝えています

今回つくった196の料理というのは、もしかしたら10年後、20年後には違う料理になっているかもしれない。だからこそ、現在の世界の料理を残したいという気持ちが今回のレシピ本づくりにはありました。

今この瞬間も現在進行形で世界の人々がつくり、脈々と受け継がれている料理。それは、わたしたちが生きてきた証拠でもあります。その国の文化や歴史、環境、すべてが合わさって、その土地の料理になっている。この196のレシピは「わたしたち人類の歴史」とも言えるのではないでしょうか。

あなたと同じように、世界のあちこちで、この本に載っている料理をつくっている家庭があることを想像しながら、台所に立ってもらえたら幸いです。そして、繰り返し料理をつくってもらい、国名にかかわらず、「あっあれ食べたい」というぐらいに定番メニューになれば嬉しく思います。

最後になりますが、料理を通じてつながったすべての人たちや、どこの馬の骨かわからないわたしの拙い言葉に辛抱強く付き合い、料理を教えてくださった現地の方たちに心からお礼を言いたいです。わたしは、あなたたちに教えてもらった料理を今日も大切につくり続けていますよ！

ボホーマ　ストゥーティ（スリランカ語で〝ありがとう〟）！

この本はクラウドファンディングに
たくさんの方にご支援をいただき
出版することができました。
ここに改めて感謝申し上げます。

本山尚義

＊栞＊順一＊真理子＊／Ami.Kwsmrid／bar&guesthouse MONDO／BeerCafeLaugh'in ゆーすけ／C.Y／E.A／en+ 店主 KAZ／fmc8855／H.Higashine／Harada Hiroaki／Hitomi Washizu／IRIS～イリス　かなやさなえ／K. Kamura／K.Nakamura／M.Higashine／m.k／M.Mariko／M/K.N／MERRY PROJECT（エモトアヤコ）／naoki uemura／potatoaki／Sayuri Hashimoto／Shaurya 平井富美子／Shizuka／Terminal りょう／Yoshiko Aihara／ありよしまき／カイロプラクティックオフィス バランスラボ 代表 笠井宗明／くらげ／こうべあしや netTV（小川厚子・赤澤慶子・品川曜子・安田小百合）／コヤマリエコ／シャンカイ／たま／たみのともみ／のじまのりこ／のだまさひで・野田マルコ／パクチーハウス東京／はなうた食堂／パパス東洋医療鍼灸院 竹中幹人／ハヤシビデオ／ひとみ／ふじじん／ふじだいともこ／ぼとるねっくえがしら with ゆかり／ホムシ夏江／みっさ／ムスターシュ／やまちゃん／ゆーたろー／レコンパンス／阿部聖史／安達恵美／安田正也／衣川あい／衣川絵里子／井上慶子／一般社団法人グルテンフリー協会／稲泉賀奈子／羽田智史／臼井 晴紀、祐子／浦上真一／永井ひろはる／永吉一郎／永棟啓／塩田悦子／於久太祐／奥田隆史／横溝明日香／岡田幸治、るみ子／岡田京子／沖田全平／荻野睦夫／下出光章／加藤実年／河合祐介／河合陽子／我謝賢／我那覇恭行／貝塚加世／笠井奈緒／

株式会社No BoRDER／間泰宏／岸田篤周／岩元敬士郎／岩瀬恵美／岩田聖子／岩本理瑚／吉井翔子／吉崎恭子／吉川雅也／吉田文子／吉澤邦晃、吉澤翼、吉澤豊／久次米啓一郎（KI郎）／久保真理子／久保村哲也／久保田準二／久保田恵美加／宮川礼／玉城伸太朗／玉木啓悟／近藤弘人／金城愛子／金森理紗／粂田武史／原田翔己／原田佳明／古野迪弘＆美代子／五月女菜穂／工藤ゆみな／甲斐龍幸／荒井康明、奈美／高岡利圭／高瀬優季／高島知司／黒岩直己／黒田浄治／佐々木君子／佐藤望／佐藤匡介／細川ひろし／坂本昌作／三浦威爾／三原・ペロ・遥介／三好大助／三方咲紀／山下敬介／山口智香子／山中陽子／山田隆大／山本清／山本裕計／山﨑千尋／市川久仁子／志田公代／寺本美紀／柴崎友徳／守田光輝／首藤能子／秋山理二郎（第弐表現）／舟橋綾子／舟橋健雄／春原良孝／鋤柄利佳／小原由美／小松知子／小杉崇浩／小川圭子／小谷真実／小島正好／小東和裕／小林美晴／小林裕幸／小澤弘視／庄司英雄／松井久仁子／松隈久禎／松山麻衣／松田英樹、晴子／松田竜一／松尾規子／上田由理／上田拓明、恵利加／上野英則／織部修治／森幸春／森田静香／深町隆史／垂井祐一／水原裕子／水澤真也／瀬戸叔恵／西岡真紀／西原育代／西原莉絵／西川昌徳／石井靖彦／石橋憲人／雪めいこ／扇孝児／前田慎一／増田幹弥／孫恵文／村上颯／多拠点パラレルワーカーAKANE／多田明雅／太田洋子／大橋眞優／大石紗己／大前俊介／大沢さやか／大庭隆史（おおばたかし）／瀧大補／辰巳穣治／辰野まどか／谷央輔／丹晋介／池口美奈子／中川國雄／中村久美／中野／中澤幸三／仲井勝巳／津田一樹（つだかずき）／塚原雄太／辻なつみ／壷井豪／田中もも代／田中栄治／田野茜（たのあかね）／渡辺峻司／都築香純／島津忠司／藤原愛／藤原唯人／藤澤麻由／内田京介と内田佳菜／内田光／南野浩利／日原義人／日湘産業株式会社／日比野純一／猫本美波／白石昇／畑卓夫／畠中雪／桧垣歩／富岡節子／富田幸子／冨士大雅之（ふじだいまさゆき）／武井弥生／平田初美／米内雄樹／保田利宗／北区の安井家／北川由依／本瀬正弘／茂山尊史／木村圭宏／木村晃基／野村由起子／野津卓也／柳本孝人／有澤渉／猶雲昶空／余島満彦／落合淑美／里田智彦／流泉書房／旅する料理研究家 森山さとみ／瑠璃／鈴木章之、美穂／和田辰雄／和田俊介／眞弓和也／齋藤仁／髙野幸嗣／메루로퐁티／오쿠노히대키

CAMPFIRE
「【旅するシェフ執筆】〝世界初〟196ヵ国の料理レシピ、オールカラーで書籍化」
期間：2016年12月13日〜2017年3月2日
目標金額：300万円　達成金額：378万5395円　支援者数：425人

シェフ本山より
ご紹介!!

世界の料理がレトルトに!
「世界のごちそう博物館」

料理で学べる歴史や文化 世界のごちそう博物館⑳
スペイン
美食の街の料理
鶏肉のバスク煮込み
～フランスとの国境の味
rico!
rico!(リコ!)=スペイン語で「おいしい!」の意味

ご家庭で気軽に世界の料理を食べられるよう、レトルトシリーズも通信販売しています。売上の一部はアフリカの子どもたちの給食費や日本に逃れてきた難民の方の支援として寄付しています。

メキシコ
モレ・ポブラーノ

ブラジル風
ピラルクの
ココナッツ煮込み

スペイン
アホスープ

アメリカ南部風
赤耳亀の
ケイジャンカレー

食べて知るシリーズ
「飢餓問題」

南アフリカ風
カンガルーのカレー

フランス
コック・オ・ヴァン

オーストリア
ターフェルシュピッツ

引き出物やギフトにも喜ばれています。世界に１つだけのギフトをつくることができますよ。まずはご相談を。

世界のごちそう博物館 HP へ
https://www.palermo.jp/

神戸市の工房やお店でその場でレストランを開く「ゲリーラ」イベント。詳細はFacebookページで。

https://www.facebook.com/sekainogochisou/

全196ヵ国
おうちで作れる世界のレシピ

2017年12月20日 第1刷発行
2025年6月8日 第13刷発行

著　者　本山尚義
発行者　大塚啓志郎・髙野翔
発行所　株式会社ライツ社
兵庫県明石市桜町2-22
TEL　078-915-1818
FAX　078-915-1819

印刷・製本　シナノパブリッシングプレス
装丁・デザイン　宗幸（UMMM）
写真　片岡杏子

Edited by Kazuya Arisa
Assisted by Keishiro Otsuka,Sho Takano,Yukiko Yoshizawa

ISBN 978-4-909044-10-5

HP　http://wrl.co.jp
MAIL　info@wrl.co.jp